연정교육문화연구소 연구총서 31

주권침해 · 상실기
湖南抗日民族敎育展開史 Ⅳ
호남항일민족교육전개사

연정 김 경 식

조은

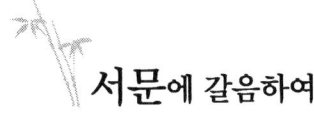# 서문에 갈음하여

필자는 본 연구를 수행하는 동안 줄곧 도광양회(韜光養晦)적인 민족의 역량을 생각해 왔고, 이제는 그러한 역량으로, 손에 손을 잡고 광활한 미래로 향하자고, 이 땅의 이 민족 젊은 세대들에게 제안하겠습니다. 감사합니다.

본서를 펴냄에 있어 담론해준 문우 이 호당, 전주고교 동창인 외우(畏友) 전 기아특수강 대표이사 정평 전선기 학형・귀중한 자료까지 제공해준 소설가 모악 장성원 학형, 교정을 보아준 황상욱 고교 후배, 축간사를 써주신 금석 김인회 박사, 출판에 힘써주신 조은출판사장 김화인 박사 그리고 4년간 계속 연구를 지원해준 고창군에 감사의 마음을 전한다.

서기 2022년 8월 일, 보도산(普道山) 아래에서 연정 김경식 쓰다

祝刊辭

금석 김인회 (전 연세대 교수)

고창지방 안동김씨 가문에서 태어난 연정 김경식이 있어 한 세기 전부터 호남 일대에서 들불처럼 일어나 오늘날까지 이어져 온 항일민족교육운동의 정신과 역사가 비로소 네 묶음의 책으로 정리 발표될 수 있게 되었다는 말로 더 이상 쓸 축간사 내용이 있을 수 없다고 해도 좋겠다. 하지만, 늙은 교수에게 마이크 맡기면 않된다는 말처럼 저자가 동년배 퇴직 교수인 나에게 축간사를 부탁한 터이니, 몇 마디라도 덧붙여야 할 나 나름의 말이 없을 수는 없지 싶다.

첫째, 내가 50여 년에 걸쳐 한국무속문화의 실상과 한국인의 교육철학을 연구한 끝에 찾아낸 한국인의 심성 특징 네 가지 중 첫째가 "샘이 많다."이다. '사촌이 땅을 사면 배가 아프다.'는 속담은 아마도 한국인 특유의 속성을 반영하는 대표적 예 중 하나일 것이다. 한국인들은 배고픈 것은 참아도 배 아픈 것은 못 참는다. 샘이 많기 때문에 경쟁심도 강하고 자존심도 강하다. 그만큼 열등감에 쉽게 사로잡히기도 한다. 역사를 통해 볼 때에도 한국사회에서는 탁월하거나 특출한 인물들이 살아남기가 매우 어려웠다는 느낌을 금할 수 없다. '우뚝한 뿔이 먼저 잘린다.' '모난 돌이 정 맞는다.' 같은 속담들이 말해주는 바도 남들이 샘을 낼만큼 특출하거나 탁월하면 위험하다는 가르침이다. 탁월한 인재를 아끼고 북돋기 보다는 못 참고 죽여 버리는 문화적 기형이 우리나라의 역사 속에는 분명히 이어져 왔다. 세종의 한글 창제 반포 이후 최초로 한글소설 《홍길동전》을 남긴 허균(許筠 1569-1618)은 역적으로 몰려 죽었다. 임진왜란 때의 구국영웅 이순신은 왕의 손에 의해 죽을 뻔하다가 적탄을 맞고 죽었다. 만약 그가 살아남았더라면 필경 선조에 의해 죽임을 당했을 것이다. 한강의 기적을 주도한 박정희 또한 부하에 의해 암살당했다. 샘이 많은 한국의 척박한 인심풍토에서는 큰 나무가 자라기 어렵다. 당연한 일이다. 그래서 세계적 명성을 얻거나 인정을 받는 한국의 탁월한 인물들은 거의가 외국에 나가서 기량을 키운 사람들이다. 백남준 사라장 등이다. 다행히 한강의 기적 시대부터는 국내에서 자란 인물들이 국제무대에서 두각을 나타내고 재능을 인정받는 경우가 나타나기 시작했다. 이병철, 정주영, 박태준, 박세리, 김연아, 방탄소년단, 차범근, 손흥민 등이 좋은 예라 하겠다.

둘째, 샘이 많은 한국 문화 풍토에서는 다른 사람의 잘한 일을 칭찬하거나 널리 알려 명예를 드높이는 일이 좀처럼 쉽지 않은 것이 현실이다. 그런데 연정은 호남지역에서 알게 모르게 활동하면서 항일민족교육운동에 매진했던 인물들을 일일이 조사 발굴하여 후손들이 기리도록 그들의 업적을 정리해 놓았다. 그럼으로써 호남인들의 제고장에 대한 자부심을 마음껏 키울 수 있는 정신문화적 토대를 닦아 놓았다고 말할 수 있다.

셋째, 이 책 제4장의 내용은 앞에서 말 한바 한국인 일반의 샘이 많은 속성이 어떻게 그럴 듯한 명분으로 둔갑하여 제 고장의 뛰어난 인물들을 헐뜯고 무덤에다 칼을 꽂는지를 여실하게 들어내 보여준 고발장이라고 말할 수 있겠다. 이른바 《친일 인명사전》의 논리대로라면 나 자신부터 일제 강점기에 유치원 교육을 받았고 초등학교에 2년간까지 재학했으니 골수 친일파일 수밖에 없겠다. 그러고 보면, 일제 강점기에 이 땅에서 창씨개명하고 세금 내고 숨쉬며 살아남은 우리 국민 모두가 《친일인명사전》에 등재될 수밖에 없겠다. 그 중 남 노르게 항일 운동에 참여한 많은 애국지사들은 기록이 없으니 존재조차 인정받을 수 없다는 것이 《친일인명사전》의 논리이다.

2023년 7월 15일

차 례

서문에 갈음하여 …… 3

祝刊辭 …… 4

제1장 ◦ 호남 항일민족교육의 샛별

제1절 주권침해기의 상황 …… 9

제2절 일유재 장태수(一逌齋 張泰秀; 서기 1841~1910)의
사학 설립과 순국 …… 19

제3절 매천 황현(梅泉 黃玹; 서기 1855~1910)의 사학 설립과
순국 …… 31

제4절 일유재·매천의 사학 설립과 순국의 교육적 의미 …… 51

제2장 ◦ 호남항일민족교육가·군민의 민족사학 설립과 지원

제1절 춘강 고정주(春崗 高鼎柱; 서기 1863~1933)의 영학숙·
창흥의숙의 설립 …… 61

제2절 인촌 김성수(仁村 金性洙; 서기 1891~1955)의 중앙학교·
보성전문 인수·경영 …… 68

제3절 송재 장현식(松齋 張鉉植; 서기 1896~1950, 6.25동란 납북)의
민족교육의 지원 …… 87

제4절 송원 문재철(松園 文在喆; 서기 1883~1955)과 민조사학
문태중학교 설립 …… 93

제5절 무송 현준호(撫松 玄俊鎬; 서기 1889~1950)와 민족교육을
　　　　위한 지원 …… 105
제6절 우석 김종익(友石 金鍾翊; 서기 1886~1937)과 민족을 위한
　　　　교육사업 …… 116
제7절 고창군민(高敞郡民)의 민족사학 고창고보 설립 …… 125

제3장 ◆ 교단의 항일민족교육가

제1절 광주고보의 민족교사 운인 송홍(雲人 宋鴻; 서기 1872~1949)
　　　　선생 …… 136
제2절 고창고보 민족교사 정인승(鄭寅承; 서기 1897~1986) 선생과
　　　　한글교육 …… 140
제3절 고창고보 민족교사 송태회(宋泰會; 서기 1971~ 1942) ·
　　　　신태수(申泰洙; 서기 1896~1982) 선생과 국사교육 …… 144

제4장 ◆ 이른바 호남 민족교육 인사의 친일시비에 대한 관견

들어가는 말 : 친일한 내 몸에 돌을 던져라 …… 147
제1절 이른바 친일파 진상규명의 주체 …… 151
제2절 이른바 핀일파의 활동영역과 진상규명의 준거기준 …… 162
제3절 이른바 친일행위 진상규명의 채증방법과 기술범위 …… 178
제4절 이른바 친일행위 진상규명에 대한 반성 …… 210
제5절 민족문제연구소와 《친일인명사전》 편찬위원회의 성격에 대한 반성 …… 239
제6절 논의를 마치며 …… 245

제1장 호남 항일민족교육의 샛별

제1절 주권침해기의 상황

특히 서기 1905년 을사늑약(乙巳勒約)체결 후, 서기 1910년 경술국치(庚戌國恥)의 까지의 그 기간은 일제의 한반도 지배의 준비기간으로서, 일제의 통감부(統監府)가 설치되어 이른바 식민지 작업이 진행되고 있었다.

동 기간은 일제로는 조선에 대한 합병준비기였으나, 우리로서는 신교육의 일대 계몽기였다. 낙후 되었던 우리는 새 지식의 흡수와 교육구국이라는 두 가지의 벅찬 과제를 동시에 수행하는 처지에 있었다.

이와 같은 교육구국을 위한 운동은 교육을 통하여 나라를 건져 보려는 이른바 '교육입국(敎育立國)', '교육구국운동(敎育救國運動)'을 맹렬히 전개하였다. 교육이야말로 기울어진 사직을 바로 잡고, 사회를 근대화하는 유일한 길이라고 여겼다. 이리하여 방방곡곡에서 학회가 조직되고, 종래의 지방 교육기관이었던 서당(書堂)은 속속 학당·의숙의 개량서당으로 개조되어 새 학문, 새 교육의 터전으로 전환하기 시작하였고, 사립학교가 설립되었다. 이러한 당시 경향은 각 지방 어디서나 볼 수 있었다.

이러한 교육구국운동은 선각자 개인과 단체가 추진력이 되어 전개 되었다. 특히 주권침해기의 교육활동은 국권회복의 이념을 교육의 목표로 삼고 실력배양에 힘쓰게 되었다.

우리는 여기서 전북 진안(鎭安)이라는 그 당시 산골에서 일어났던 개화운동과 사학설립의 경우를 그 한 예로서 제시 하고자 한다.

성재 김우식[1]는 해풍김씨로, 족보상의 이름은 양식이다.

《진안군지》에 의하면 "김우식은 무과(武科)출신으로 관직은 군수에 이르렀다. 서울로부터 전북 진안군 일서면 주자천(朱子川)에 들어와 살았다."고 기록되어 있다.

이로 보면 성재는 서울에서 주자천에 들어온 것은 분명하나, 언제 들어 왔는지에 대해서는 정확히 알 수 없다. 다만 최근 용담 옥거리 소재 옥천암에서 '옥천암 재차 수리기' 편액을 찾아 성재 김우식이 서기 1898년 용담 군수에 재직한 사실이 확인되었다.

성재의 지방관직 행로를 보면 서기 1898년에 용담군수를 거쳐 서기 1907년에 금산군수, 서기 1910년에 고창군수에 재임 중 경술국치(庚戌國恥)에 의한 일제 강점으로 인해 그는 직을 그만두고 고향인 서울로 상경하지도 않고, 진안군 용담면 옥거리 235번지의 산골로 돌아왔다.

성재는 용담군수 시절 향교를 수선하였고, 옥천암(玉川庵)을 중수하였으며, 다산의 《목민심서》를 실사구시(實事求是)의 실학으로 경국제세의 실전으로 삼고 고을 수령으로서 몸소 실천하였다.

---

1) 김경식, 남도길 숨은 이야기, 그 첫 번째 이야기, 교육과학사, 2013, 참조.

또한 서기 1907년에 이 고을 수령인 성재의 영향으로 서기 1908년 사립 주천화동학교(朱川 華東學校)[2]가 설립되었다. 이로써 전북도 내에서는 네 번째로 사립보통학교를 건립한 고을이 되었다. 성재는 수령이었지만 자비로 반석을 뚫어 길을 내고, 많은 사람이 통행에 편리하도록 하였으며, 용담보통학교 설립에 건축의연금 1천여 원을 희사하여 인재 양성에 힘썼으며, '헌정연구회' 이사로서 '헌정연구회' 취지서를 간행하였고, 《학생필독》, 《유자필지》 등을 간행하여 유년교육에서 신·구학 합병논설, 청년 유자의 가야 할 방향을 제시하는 글을 발표하였다. 금산군수 재임 시절에는 금산보통학교를 설립하였고 동교의 초대 교장을 겸임하였으니 그의 교육에 대한 관심을 읽을 수 있다.

그리고 고창군수 재임 시절은 부임 후 6개월도 채 못 되어, 경술국치를 당하자 스스로 물러나 용담에 돌아와 자비로 목민심서를 간행하여 많은 사람에게 널리 알게 하였고, 《국민수지》를 간행하여 국민이 반드시 알아야 할 사항, 즉 서구의 선진문명을 세상에 알리고, 어리석은 국민을 계도하는 데 노력하였다. 이로 보면 성재는 개화사상이 뚜렷한 국민 계도의 선각자라 할 것이다.

참고로 《국민수지》의 목록을 보면 다음과 같다.

즉, 제1장 국가의 본의, 제2장 국가 및 황실의 분류, 제3장 국가 및 정부와의 관계, 제4장 군주 및 정부의 권한, 제5장, 국민 및 정

---

2) 동교의 설립에 대해서는 **李容燁**, 진안사립화동학교 연구 학술보고서, 사단법인 전북역사문회학회·진안군, 서기 2018년 8월, 참조.

부의 관계, 제6장 군주의 주권, 제7장 국민의 의무, 제8장 국민의 권리 등으로 되어 있다.

한편 역시 진안의 서하 김태현은 진안의 와룡암(臥龍庵)의 창건자 긍구당 김중정(肯構堂 金重鼎)의 9대손이다. 그는 근현대에 뛰어난 학자로 《서하집》 11권을 남겼다. 서하는 개화파의 박영효와 교유했고 용담, 금산, 고창 군수를 역임한 성재 김우식과는 서기 1890년 말경, 진안군 주천에 함께 살면서, 그의 새로운 개화사상에 의기투합했다. 그것이 바로 새로운 인재 양성을 위하여 그의 제자들을 주축으로 서기 1908년 신식 학교인 '사립화동학교'의 설립이다. 서하는 동 학교의 초대 교장을 역임하면서 이 지역의 많은 인재를 양성하였다.

화동학교의 설립과정은 문헌의 유실로 상술하기는 어렵다. 그러나 화동학교 제 1회 졸업생인 신현구가 기록한 '화동(華東)'에 의하면 그 설립 배경과 설립과정을 어렴풋이 이해할 수 있다.

그는 한성에서 군대가 해산되자 분을 삼키며 기회를 고대하던 육군 부위 육상필이 은신할 곳을 찾아 주앙리에 찾아왔다. 그는 자기보다 조금 먼저 이곳을 찾은 성재와 만나 서로 의기투합하여 기회를 엿보았다.

또한 이 무렵 전주의 만석꾼으로 재력가인 승지 김영철 역시 어수선한 정국을 피하여 '군자지향(君子之鄕)'으로 이름난 주앙리로 찾아왔다. 그리하여 국내정세와 국제정세도 잘 알고 있던 이들은 내왕 즉시 지방 인사들을 설득하여 전통적인 학문과 구폐습을 개혁하고, 신교육 신학문을 배워 잃었던 국권을 회복하여야 한다는 신념을 외치게 된다.

이에 호응하여 사람이 많아지자 진사 양봉래의 댁으로 모이도록 하여 학교설립을 만장일치로 가결하고, 즉석에서 서하 김태현의 제안으로 교명을 '화동(華東)'으로 가결하며, 승지 김영철이 자진하여 임시교실을 자기집 대청으로 정하였다.

당시 임시교실을 제공한 김영철은 갑신정변, 임오군란, 동학 농민운동 등 정국의 소용돌이 속에서 난을 피해 일찍부터 군자지향, 가활지지인 이곳 주천에 찾아와 집을 짓고 살면서 서하 김태현, 정은 이병항등 지역 선비들과 교류하면서 지냈다.

김영철은 그와 비슷한 시기에 연성학교 교관을 역임했던 육군부위 출신으로, 이곳을 찾은 대산 육상필과 만나 서로 국내의 정세에 관한 의견 일치로, 서로 뜻이 통하여 즉시 지방사람들을 설득하여 신학문을 가르칠 학교를 설립하였고, 상실한 국권을 회복하여야 한다는 신념으로, 자기집 대청을 임시교실로 제공하였던 것이다.

당시 교사로는 재사로 이름난 연초 김영로와 한학으로 거유인 정은 이병항이 자진하여 교편을 잡으니, 학운이 대진하여 많은 학생들이 모여 들었다.

정은 이병항은 광주이씨로 서하 김태현의 문인이었다. 그는 문집으로《정은집》을 남겼다. 그의 문집에 '사립화동학교 설립 건의서'와 '주앙리 노동근로학교 건의서'가 수록되었다. 동 문집에 의하면 또한 연성학교 교관을 역임했던 육상필은 화동학교 설립의 주역으로 초창기에 체조와 산술을 가르쳤다고 하며, 이 학교의 응원가는 서기 1907년 그가 근무하던 연성학교에서 부르던 응원가의 가사를 지역 정서에 맞게 약간 수정하여 부르게 하였다는 사실도 기록되었다. 또 하나의 주요한 것은 동 문집에서 인삼 고사에서 인삼을 심을 때 지내는 고사 내용이 시로 기록되어 있어 진안 인삼 재배사에서 중요한 자료를 제공하고 있다.

우리는 그 무렵 와룡암(臥龍庵)과 관련하여 주목할 것이 있다. 서하 김태현의 동생 성재 김구현의 한 제자가 바로 월탄 박종화인데, 방학이면 그는 와룡암에 자주 들렸다고 한다. 월탄에게 그의 스승 김구현을 소개한 것은 바로 월탄의 숙부인 박문혁이었다. 그는 서기 1890년경 서울에서 주천면 주앙리에 내려와 살았다. 그는 그 후 용담 송림마을로 이사하여 집을 짓고 후진들에게 글을 가르치며 야학당을 지어 후진 교육에 공헌하기도 했다.

화동학교의 교과는 국어, 산술, 일어, 지리, 역사, 체조 등이며 일방으로 물을 들인 옷을 착용하고 색깔을 장려하니, 구습의 완고한 인사들은 이 학교를 지칭하여 개화꾼, 왜글 배우는 놈, 일진회 등으로 비난과 비방이 자자하였으나, 식자 간에는 화동학교를 칭송하는 자가 훨씬 많았다. 아마도 이 산간 고을에서도 개화와 수구의 갈등이 있었다 할 것이다. 그 후 일서면 향약장학계 재산을 흡수하여 재단을 설립하였던바, 그때가 서기 1908년이었다.

그러나 곧이어 서기 1910년 경술국치로 국권을 상실하자, 혼란이 가중되며 가짜 의병까지 출몰하여 많은 사람의 생명과 재산을 탈취하였다. 이를 견디다 못하여 김영철과 육상필 등은 각자 다른 지방으로 이거하고, 고향을 지키던 인사들에 의하여 화룡학교는 운영되었다. 그리하여 학교는 난관과 애로 속에 급기야 임시교실을 와룡암으로 옮기어 수업을 진행하기도 했다.

서기 1911년, 학교는 새로운 신축 교사를 마련하여 주앙리에 건축하였다.

비록 초가이지만 본관 1동 6칸과 숙사 3칸이 영재배양소로 면목이 일신되었다. 그 후 서기 1913년 3월 25일 제1회 졸업생을 배출하고 죽하 김광현과 1회 졸업생 김영필, 신현구를 채용하여 교무를 담당케 했다.

이 중 김영필은 이후 독립신문, 독립선언서를 입수하여, 이 지역 인사들에게 배포하였고, 때로는 면사무소를 습격하여 등사기를 훔쳐 문서를 등사하고, 서기 1920년대에는 일본에 잠입하여 조선유학생들에게 독립정신을 심어주었으나 체포되어 4년간의 옥고를 치렀다. 훗날 그는 서기 1977년 12월 독립유공자로 추서되었다.

당시 민족사학들이 받던 일제에 의한 직·간접 수난은 화동학교도 예외는 아니었다. 3·1운동이 일어나던 해 2월 당시 진안군청 서무주임 일인(日人)의 조종하에 공립학교 인가 준비가 진행되고 있었다.

이러한 상황에서 3·1운동이 일어나 화동학교 학생을 중심으로 200여 명이 학교 교정에 모여 독립만세를 외쳤고, 밤 10시까지 횃

불을 들고 시내를 누비었다. 당황한 일제는 서둘러 동년 7월에 설립자 김태현의 명의로 공립학교 인가신청서를 제출하도록 강압하였고, 그해에 일본인 교장으로 당시 용담보통학교 교장이 부임하였던 바, 그 날로 화동학교의 문패는 내리고 그 대신 보통학교의 문패로 대체되었다.

여기서 와룡암과 관련된 사립화동학교의 발전과정을 여기까지 장황하게 이끌고 온 것은 나름대로 이유가 있다.

필자는 교육사학자로서 민족사학(民族私學)의 연구 과정에서 결국 교육이란 분명한 철학이 있어야 하고, 재력으로만 되는 것이 아니라 반드시 교육에 대한 열의와 헌신이 있어야 한다는 강한 신념을 얻었다. 이에 우리는 사립화동학교의 발전과정에서도 그러한 모습을 인식할 수 있다.

일제에 의한 주권 상실 속에서 산골의 사립 화동학교와 오늘날 주권 자주 국가인 대한민국의 사립학교는 다 같이 그 설립 성격에 있어서는 동일하다. 그런데 요즈음 일부 비리로 얼룩진 사학에서는 학생들이 낸 등록금마저 빼돌려 사리사욕의 주머니에 넣는 사태가 벌어지고 있다. 그런 학교에서는 당연히 학생인권이 제기되고 문제가 될 수 있다.

요사이 편협하고 편향적인 일부 교육감들과 특정 진영의 좌파적인 교육노조가 부르짖는 학생지도에서 교사의 체벌과 규제에 대하여 학생들을 보호한다는 명목으로 학생들을 자유방임적으로 몰아가는 "학생인권조례"의 발상과 같이 '학생인권'이라는 말은 함부로 쓰는 것이 아니다. '인권(人權)'이라는 개념 자체의 연원은 원래 국가권력의 침해로부터 방어적인 것에서 있었고, '학생인권(學生人權)'이라는 신개념도 '교권(敎權)'이라는 배경하에 정상적이 아닌 부당한 현실적 침해 개념에서 생성된 것인바, 원래 인간의 문화적 성장을 돕는 '교육'의 마당에서 무슨 방어적인 개념인 '인권(人權)'이 필요한 존재이겠는가?

학생인권이라는 말은 앞에서 말한 비리 대학 같은 데서나 써야할 말이 아닌가? 아무튼 요즈음 비리를 다량 생산하고 있는 일부 사립대학 당국은 민족사학 사립 화동학교의 설립과정을 보며 깊이 반성해야 할 것 이다.

당시 우후죽순격으로 일어난 사학의 교학활동은 국권회복의 이념을 교육의 목표로 삼고, 실력배양에 힘쓰게 되었다. 그 힘의 전개가 곧 사립학교를 통한 교육운동이었다. 그리하여 어느 지방에서나 앞을 다투어 신학(新學)을 확장하였으며, 입학 희망자가 늘 과잉상태였다. 특히 중류층 이하의 자제들이 신학(新學)을 지원하는 경향이 있었음은 국권 회복을 주안으로 하는 학교설립의 동기와 아울러 주목할 만한 일이 아닐 수 없다.[3] 그 당시 사립학교의 일반적 성격은 교육구국운동의 성격을 지니고 전개되어 전국적으로 확대되어 갔으니, 이는 우리나라 역사상 일찍이 보지 못하였던 사학의 황금시대를 이루게 된 것이다. 그리하여 《매천야록》에서 본 바와 같이, 경술 국치 직전까지 세워진 사립학교는 3,000여 개

---

3) 元裕漢·尹炳奭, 韓國史大系(朝鮮末期) 7, 서울; 三珍社, 1976, 201면.

교에 달하였으나, 서기 1908년 사립학교령의 발동으로 많은 탄압을 당하였다.

우리는 본 장에서 당시 교육 구국의 샛별로서 전북의 일유재 장태수와 전남의 매천 황현의 경우를 들어 각 절을 형성하기로 한다. 이들은 다 같이 시대의 흐름을 인식하고, 조국의 위기 상황하에서 사학설립을 통한 교육구국의 정신을 구현함은 물론 경술국치를 당하여 거룩한 '순국(殉國)'으로 호남은 물론 전국의 동포에게 구국정신의 깨우침을 주었기 때문이다.

제2절 일유재 장태수(一逌齋 張泰秀 ; 서기 1841~1910)의 사학 설립과 순국[4]

일유재 장태수는 고향의 아버지 봉양과 부친의 삼년상과 지방의 2개 곳 군수직을 제외하고는 평생을 중앙정부에서 올곧게 관직생활을 보내고, 말년 향리에서 구국교육을 위하여 사학을 설립했음은 물론, 경술국치를 당하여 순국한 정통관리로서의 당시 이 민족에 민족구국의 각성을 준 애국자였다.

일유재 장태수는 서기 1841년(헌종 7년) 전북 김제군 금구면 서도리에서 부친 한두(漢斗, 호 산연山淵) 공과 모친 삭녕 최 씨의 3남으로 태어났다. 맏형은 이 지역에서 이름난 만석꾼 부호 종가 백부댁으로 양자 갔다. 본관은 인동. 자는 성안(聖安)이요, 호는 일유재(一逌齋). 고려말 두문동 72현 중 한 분이었던 안세(安世) 공의 후손이다.

일유재는 세 살 때 어머니 삭녕 최 씨가 별세했다. 자애로운 아버지 슬하에서 자랐다. 청수하게 성장하는 선생을 지켜보면서 아버지 산연 공은 "이 아이가 영특하다. 우리 문중을 크게 빛낼 사

---

[4] 본 절은 일유재의 종고손 장성원이, 공의 종질 영국(榮國)이 무오년(1918년)에 쓴 공의 행장을 바탕으로 쓴 것이다. 장성원은 필자와는 세교(世交)의 집안으로 전주고등학교 동기동창으로 동아일보 논설위원 등을 거쳐 제 15, 16대 국회의원을 지냈음은 물론 현재 소설가로서 활동하고 있다. 그의 작품 중 일유재 장태수 선생과 그이 종증손 장현식 선생을 주인공으로 하여 그들의 시대적 배경과 항일독립운동의 역사적 삶을 그린 장편소설 《풍상(風霜)》 (문예바다 출판, 2023.5.30)이 있다. 필자는 장성원이 작성한 글을 본 연구의 전체의 체계에 맞추어 몇 군데 용어를 수정하였음을 말해 둔다.

람이 될 것"이라고 자랑했다는 것이다. 성동(成童, 15세 이상의 소년)이 된 선생은 "사람이 세상에 태어나서 입신하여 이름을 날림으로써 부모를 현달하게 하는 것이 장부의 도리"라고 다짐하면서 밤낮으로 면학했다고 한다.

일유재는 초시(初試)인 명경과(明經科)를 거쳐 서기 1861년(철종 12년) 약관 스무 살에 신유년 식년 문과에 병과 급제했다. 그와 같은 해 태어난 개화파 정치지도자 김옥균(金玉均) 선생이 11년 뒤 늦게 서른한 살에 과거 급제한 것과 비교하면 선생의 급제는 비범하게 빠른 것이었다.

과거급제 후 처음 일유재는 외교문서를 담당하는 승문원에서 오랫동안 정9품 당직(수습직)을 하면서 외교문서들을 읽고 외교의전 실무를 익혔다. 급제 5년 후인 서기 1866년(병인년)에 사헌부 지평과 사간원 정언, 그 이듬해인 정묘년에 사헌부 장령, 서기 1868년 무진년에 사간원 헌납 등을 역임했다. 20대 젊은 시절의 관직 대부분을, 정사를 비판하고 벼슬아치의 잘못을 가려내어 백성의 어려움을 풀어주던 사헌부와, 임금과 고위직의 옳지 못한 일을 고치도록 간하는 일을 맡아보던 사간원에서 실무를 보았다.

당시는 고종 초기로 열한 살의 어린 나이에 왕위에 오른 고종을 대신하여 아버지인 대원군이 집정, 정치의 여러 가지 적폐를 개혁하던 시기였다. 대원군은 외척 김 씨의 부패한 세도를 눌러 왕권을 확립하고 서원 철폐, 당파를 초월한 사색(四色)등용 등 정치개혁을 과감하게 추진했다. 이런 시기에 사헌부와 사간원의 역할은 막중했고 일유재 공도 그 실무를 담당했다.

　직무를 독실하게 수행하고 풍채와 도량이 준수한 일유재를 지켜본 여러 재상들이 "조정이 인재를 얻었다."고 칭찬하고 기대를 걸었다고 한다. 일유재는 명예와 자리를 얻기 위해서 권세 있는 사람들을 찾아다니거나 아첨하지 않았다. 대원군이 부패한 정치를 개혁한다고 하지만, 여전히 뇌물로 벼슬을 사고팔고 하던 때였다. 그는 오직 주어진 일을 묵묵하게 충직하게 해냈다.

　이러한 일유재를 가상하게 여긴 조정이 서기 1869년(기사년) 10월, 그의 나이 스물여덟에 양산(梁山) 군수로 제수(除授)한다. '제수'란 임금이 신하의 추천을 받지 않고 바로 벼슬을 주는 것을 말한다. 특기할 만한 인사가 아닐 수 없다.

　양산은 왜구들이 자주 침범하는 요충지여서, 조정이 군수를 임명하는데 각별히 신경을 쓰던 곳이다. 군수로 발령받은 사람도 가기를 주저하는 기피 지역이었다. 공은 백성에게 관대하게 대하고, 관원들은 엄격하게 관리하여, 곤궁하고 힘없는 서민들이 마음 놓고 평온하게 생업을 유지하도록 했다. 백성들이 일유재의 청렴과 공평을 높이 칭송하고 따르기 시작했다. 그는 "불의의 환란에 우리 스스로 대비해야 한다."며 정부 지원과 공의 개인 출연으로 자금을 만들어 포수(砲手) 1백 명을 양성, 왜구 침범에 대비한 방위 태세를 갖추어 놓았다.

　이렇게 2년을 봉직했다. 관찰사 김세호(金世鎬)가 장 군수의 선치를 포상해야 한다고 계(啓)를 올렸다. 이 건의가 반영돼 일류재는 정3품 당상관 품계인 통정대부(通政大夫)로 승계했다. 10년이 지난 후 양산의 유생들과 아전들이 공적비를 세워 '장 군수의 덕정(德政)'을 기렸다. "오래전의 일이지만 덕정을 잊을 수 없다"고 비에 새겼다.

서기 1872년(임신년) 3월 고종이 개성의 두 능에 친히 제사를 올리려고 행차했다. 일유재는 직접 수행했다. 그날 바람이 몰아치고 폭우가 쏟아졌다. 종일토록 개이지 않았다. 이런 악천후 속에서 임금이 탄 수레를 모시고 가던 백관들이 뿔뿔이 흩어졌다. 그러나 공만은 유독 군졸 몇 명과 함께 처음부터 끝까지 흐트러짐 없이 수레를 따라 임금을 모셨다.

고종의 신임을 얻은 일유재는 그해 6월 병조참의(정3품)에 임명되었고 서기 1874년(갑술년)에는 서른셋의 나이에 사간원 대사간(정3품)이 되었다. 그리고 그다음 해에는 아버지 산연 공이 시종신(侍從臣)의 부친으로서 첨지 중추부사(왕명의 출납, 궁중의 경위 등을 맡아보던 중추원의 정3품 당상관 관직)를 제수받기도 했다.

이 무렵 아버지 산연 공의 기력이 쇠약해지고, 특히 눈이 많이 어두워져 음식을 먹을 때에도 항상 옆에서 시중드는 사람이 필요하게 되었다. 일유재는 벼슬길에 나가지 않고 부친을 봉양하기로 결심했다.

"옛사람이 말하기를 임금을 섬길 날은 많으나, 어버이를 섬길 날은 적다고 하였다. 이 말은 바로 오늘날의 나를 두고 한 말이구나. 불초는 죄가 많아 세 살 때 어머니를 여의어 어머니 얼굴조차 알지 못하니, 죽어도 한이 남을 일이다. 그러나 다행히도 아버지를 모시고 살아왔다. 그런 아버지를 봉양하지 못한다면 어찌 자식이라고 말할 수 있겠느냐?"며 아침 일찍부터 밤늦도록 정성껏 아버지 수발을 들었다. 그렇게 하기를 8년을 하였다.

공은 서기 1883년 돌아가신 아버지의 장례와 3년 상을 마친 다음 서기 1835년에 상경했다. 10년 만의 상경이었다. 대궐로 들어가 임금을 뵙고 조정에서 함께 일했던 옛 친구들을 심방한 후, "신진들이 조정의 요로에 있고 늙은 신하들은 은퇴하여 물러가니 이 세상 형편이 많이 변 했다."고 깊은 감회를 털어놓았다.

10년간 국내외 정세는 급변하고 있었다. 대원군이 집정 10년 만에 물러난 후 정권은 명성황후를 중심으로 민 씨들의 손에 들어갔고, 대원군과 민씨 일파의 대립에 수구당과 개화당이 각각 이에 합류하였다. 청국을 배경으로 한 수구당과 일본을 등에 업은 개화파는 치열한 정권 다툼을 벌이고 있었다. 서기 1876년 병자 수호조약 체결 이후, 조선 지배를 획책해 온 일본은 6년 후인 서기 1882년, 임오군란과 2년 후인 서기 1884년 갑신정변을 이용, 조선에서 우위에 있던 청과 동등한 발언과 간섭을 할 수 있는 권한을 확보하기에 이르렀다.

귀향한 일유재는 가족들과 집안 후생들 앞에서 이렇게 말한다.

"내 10년 만에 한 번 나아가 조정과 초야를 돌아보고, 세상이 크게 변하였음을 알았다. 진퇴를 신중히 하지 않을 수 없다. 국가의 위세는 날로 떨어지고 조정의 정사는 날로 잘못되어, 뜻있는 선비들은 근심하고 탄식하지 않는 이가 없다. 이제 너희들은 벼슬길에 나서지 말고 성현의 글을 읽고 학문에 전념하면서 때가 오기를 기다림이 옳지 않겠느냐?"

서기 1894년 갑오년 정월에 동학농민운동이 일어났다. 동학농민군이 관군과 싸워 연전연승을 거두고, 마침내 전라도 감영이 있는 전주를 함락했다. 조정에서 고향 집에 있는 공을 불러 병조와 공조의 참의로 임명했다. 이때는 이미 청·일 전쟁에서 청국군을 격파한 일본군이 궁성을 포위하고 대포를 발사하면서 백관들의 궁궐 출입을 통제하고 있었다. 일유재는 일본군의 제지를 뿌리치고 며칠 동안 궁궐 회의에 참석했으나, 회의는 일본이 강제적으로 추진하는 갑오경장을 김홍집(金弘集)의 친일내각이 승인하는 것이었다. 이제 조선에서 청국은 쫓겨나가고 일본의 독무대가 되었다.

일유재는 소(疏)를 올리려다 그만두고 이렇게 말했다. "황하의 흐름을 한 줌의 흙으로 막을 수 없는 것이니, 상소는 하여 무엇 하랴! 임금께서 편안히 계시는 것을 뵈었으니 내 이제 돌아가리라." 공은 그날로 고향을 향하여 떠났다.

그 후, 그해 11월 고산(高山, 현 완주군 고산면)현감에 임명하는 교지를 받았다. 높은 산지가 많아 평소에 도둑들의 횡포가 심한 고을이었다. 더욱이 무장한 동학농민군이 다수 피신해 들어와 있어 치안이 불안한 상태였다. 누구나가 현감으로 가는 것을 꺼리는 것은 당연한 일이었다. 그러나 공은 "사양하고 받는 것은 내 마음대로 할 수 있겠으나, 지금 나라가 안팎으로 어지러울 때를 당하여 그 임무를 받지 않는다면, 임금의 명령을 태만하게 하는 것이니 옳겠느냐?"고 말하고 유연(悠然)하게 부임했다.

부임 후 동학농민군과 비적(匪賊, 떼 지어 약탈 등을 일삼는 도둑)을 토벌하라는 명령을 여러 번 받았다. 일유재는 "백성이 죄가 있다 하여도 그 실정을 살펴 관대한 은전을 베풀고 교화해야 한다."는 보고를 올리고 많은 사람들을 사면했다. 그러자 자수자가 늘어나고 치안이 좋아져, 백성들이 마음 놓고 살게 되었다.

서기 1895년 을미년. 명성황후가 시해된 사변이 발생하고 단발령과, 조신(朝臣, 벼슬살이를 하는 모든 신하들)복장 개정령이 내려졌다. 일본식 복장의 일본인 관리가 관아를 시찰할 정도로 세상은 일본 통치 시대로 들어가고 있었다.

일유재는 "내가 녹(祿)을 먹기 위해서 힘써 현감 일을 하는 것이 내 본래 뜻은 아니었다. 세상이 바뀌어 새로운 법이 행하여지는구나" 장탄식을 하면서 반년 만에 현감직을 버리고 향리로 돌아왔다. 녹봉은 빈민들에게 나누어 주었다.

그로부터 10년이 흘렀다. 서기 1905년 을사년에 일유재는 종2품 가선대부(嘉善大夫) 시종원(侍從院) 부경(副卿)으로 임명된다.

정3품에 오른 지 33년 만에 한 품계가 올랐다. 서른하나에 정3품이었던 그가 이제 예순넷에 종2품이 된 것이다. 그는 그동안 승계에 급급하지 않고, 봉공(奉公)의 기회가 주어지면 나아가 사심 없이 공무를 보고, 마음이 맞지 않으면 깨끗하게 물러나곤 했던 것이다. 그리고 나라와 임금에게 진충(盡忠)하되, 부모에 대한 효도도 그에 못지않게 중히 여기면서 살아왔다. 공은 유교의 가르침을 철저하게 실천한 군자였다.

임금을 최측근에서 보위하는 자리에 앉았으나, 이미 나라는 일본의 보호국으로 전락하고 말았다. 일본 통감이 한국의 외교 내정 군사 권한을 장악, 사실상 한국의 왕권을 쥐게 됐다. 일유재는 하늘을 우러러 "장차 사직과 종묘는 어찌할까!" 개탄하면서 분을 참지 못했다고 한다.

2년 후 정미년 7월 고종은 일본의 강요 협박에 어쩔 수 없이 양위하고 만다. 일유재공도 낙향할 수밖에 없었다.

일유재는 같은 해인 교육구국을 위하여 서기 1907년 향리(현 금구면 서도리)에 교실 7칸의 사립금구신명(新明)학교를 세운다. "변해 가는 시대에 적응하고 나라의 미래를 이끌어 갈 인재를 양성하자"는 설립목적이었다. 사재를 털고 만석꾼 부호였던 문중에서 설립자금을 지원했다. 우리는 일류재의 이와 같은 신명학교의 설립을 통하여, 그의 의미 깊은 항일구국 교육의 정신을 읽을 수 있다. 그러니 일유재의 이와 같은 학교설립의 정신과 실천은 풍전등화의 국운을 교육에 건 선구가 아니겠는가?

서울에서 신교육을 가르칠 수 있는 선생을 초빙해 한문, 일어, 수학 등을 가르쳤다. 일어를 교과목에 넣은 것은 민족적 감정을 뛰어넘어 일본을 바로 알고 제대로 보자는 취지였다. 처음 금구지역을 중심으로 소규모로 시작한 학교에 정읍 부안 태인 등지에서까지 2백여 명의 학생들이 몰려들어, 두세 차례 교실을 증축했으나, 모두 수용할 수 없었다고 한다.

해가 다르게 발전하던 이 학교는 결국 3년 후 이른바 한일합방인 경술국치 후 폐교된다. 그러나 이 학교는 금구지역 신교육의 모태요 남상(濫觴)이라 할 수 있다. 서기 1911년 이 학교의 후신인 서도면 신명학교와 동도면 개성학교가 통합, 사립금구보통학교가 됐고 12년에는 공립금구보통학교라는 교명으로 일제 치하 초등교육의 배움터로 발전한다.

서기 1910년 8월 29일 경술국치(國恥)의 날. 한일합방조약을 공포, 대한제국은 '조선'으로 개칭되고, 조선은 조선총독부가 통치하게 됐다. 비분강개한 일유재는 자죄문(自罪文)을 지었다. '힘을 내어 시원하게 7적(七賊)을 베어버리고 원수의 왜놈을 토멸하지 못하여. 나라는 깨어지고 몸은 죽게 되었으니 불충(不忠)함이 크고, 왜놈이 돈을 주는 명부에 실려 선조를 욕되게 하니 불효가 크고, 인(仁)을 이루지 못하고 안중근(安重根)에게 미치지 못하니, 부끄러움이 이보다 더 큰 것은 없겠도다. 아! 인생이 이 세상에 태어나 이 세 가지 불능(不能)을 졌으니 죽음이 참으로 늦었도다! 또

싸움터에서 순국하여 말가죽에 시체를 싸지 못하고 집에서 죽게 되니, 매우 부끄럽고 지극히 한이 되도다! 혼이라도 흰 구름을 타고 올라가 울면서 상제께 호소하여, 원수를 갚고 나라를 회복하는 것이 지극한 원일 뿐이로다.'

경술국치가 있던 그해 10월 칼을 찬 왜경들이 날마다 3일 동안 일유재를 찾아와서 "일본국의 은사금을 받아가라"고 협박했다. 일유재는 이를 크게 꾸짖었다. "너희들이 어찌 이렇게 무례하냐! 칼질을 하고 총질을 하는 것은 너희들 마음대로 할 수 있지만, 은사금을 받으러 오라 가라고 하는 것은 너희들이 감히 할 수 없는 것이다. 대한의 2품 재상으로 죽어도 은사금을 받지 않겠다." 이렇게 일갈하면서 단호하게 거부했다.

일유재는 당내 일가 앞에서 "내가 지금 죽지 않으면 나의 죄가 더욱 커지겠다."고 말하고 글을 지어 사당에 고했다. 11월 초하룻날이었다. 고유문(告由文)은 이렇다. "엎드려 생각건대, 불충하고 불효하게 왜놈의 세상에서 목숨을 부지하면서, 공연히 죄와 욕을 더 하는 것보다는 차라리 죽어, 지하에 가서 모시는 것이 낫겠기에 감히 통곡하옵니다."

며칠 후 일유재는 부인 울산 김씨와 아들 3형제에게 "부모가 온전하게 낳아준 몸에 어찌 왜놈들의 칼을 받겠느냐. 또 스스로 찔러 죽을 수는 없는 것이다. 물과 음식을 들이지 아니하면, 죽을 수 있는 것이니 음식물을 들이지 말아라. 만일 음식물을 들인다면 그것은 나를 불의에 빠지게 하는 것이다."라고 말하고 이후 이불을 쓰고 식음을 전폐했다.

단식 중 그는 "대한 동포에게 고함"이란 글을 남기었다. "…… 오직 바라옵건대, 동포들은 한 가정, 한 마을로부터 팔도(八道)의 전역에 이르기까지, 한마음 한뜻으로 의기(義氣)를 뭉치면 황실을 회복할 수도 있을 것이오, 왜적을 섬멸할 수 있을 것입니다. 저들은 비록 장총과 대검이 있다고 하나, 오직 우리의 의기가 이르는 곳에 꺾이지 않는 것이 없을 것입니다. …… 엎드려 바라옵건대, 능히 대의(大義)를 천하에 펴서 종묘와 사직을 다시 편안하게 하고, 평성들이 모두 온전하게 살아갈 수 있게 된다면, 저 같은 사람은 비록 죽는 날이라도 도리어 사는 날이 될 것입니다."

일유재는 음식물을 끊은 지 24일 만인 11월 27일 마침내 운명했다. 나라와 임금에게 충의(忠義)를 다한 충신이 망국의 통한을 품고 순절(殉節)한 것이다.

공과 같은 해 출생으로 성리학 대가였던 간재(艮齋) 전우(田愚, 서기 1841~1922)는 훗날 이렇게 추모사를 썼다. "공은 평생동안 충성과 효도와 검약으로써 마음을 세워, 마침내는 나라를 위한 대절(大節)이 크게 빛나도다! 아아! 아름답도다! 국민에게 고한 일편(一篇)에서는, 공의 충의와 고충이 죽을 때까지 일관되어 마지아니하였음을 볼 수 있고, (일본이) 주는 돈을 물리치던 날에 글로 써서 왜적에게 보여준 몇 마디의 말은, 족히 늙은 도적의 간담을 깨칠 만하고, 우리 국민들의 의기를 격앙시킬 만하니 더욱 귀중하도다. 무오년(1918년) 12월에 전우는 공경하여 쓰노라."

대한민국 정부는 서기 1962년공에게 건국훈장 독립장을 추서했고, 서기 2000년 11월 '이달의 독립운동가'로 선정, 공의 충절을 높이 기리고 있다.

제3절 매천 황현(梅泉 黃玹 : 서기 1855~1910)의 사학 설립과 순국[5]

매천梅泉) 황현(黃玹)은 한 말의 역사학자요 유학자였으며, 한말 일제 침략에 대하여 향리에 사립학교를 설립하고, 끝내는 경술국치의 비통한 소식을 며칠 후에 그의 향리(鄕里) 사람으로부터 듣고, 순국(殉國)으로 호남인 내지 당시 2천만 동포에게 민족의 각성(覺醒)을 불러일으킨 애국자였다.

매천이 생존한 시대적 공간은 19세기 중반에서 20세기 초반으로서 서세동점(西勢東漸)이라는 제국주의적 기류 속에서 조선은 청·러·일 세력 하에서 몸살을 앓고 있던 시기였다.

매천 황현은 서기 1855년 황시묵(黃時默)의 장남으로 전남 광양에서 태어났다. 매천의 선대는 세종 때의 명재상이었던 황희(黃喜), 선조 때 임진왜란 중에 순국한 황진(黃進), 인조 때 정언(正言)을 지낸 황위(黃瑋)로 이어지는 양반의 집안이었으나, 그 후 그의 대에 이르기까지 별 인물을 배출하지 않았던 몰락한 양반으로 농촌에 파묻혀 생업에만 종사하던 집안이었다.

매천의 집안은 원래 장수(長水)에서 살았으나, 남원(南原)으로 이사하여 살았으며, 거기서 다시 아버지 대에 광양(光陽)으로 이사하였고, 또 거기서 구례(求禮)로 가 정착하였다. 이렇듯 그의 집

---

[5] 매천의 순국에 대해서는 김경식, 남도길, 숨은 명소 그사람, 교육과학사, 2014, 277~298면을 토대로 하여 작성하였음.

안의 누차에 걸친 이사의 연유야 알 수 없지만 퍽 가난했던 것으로 짐작된다.

　매천은 어려서부터 남다르게 총명하여 한 번 배운 글이나 읽은 책은 평생동안 잊지 않았다. 그는 '황신동(黃神童)'이라는 이름이 그 어린 시절의 별명이었으니, 그의 재주가 어느 정도인지는 알기 어렵지 않다. 그러기에 그가 노사(蘆沙)를 찾아뵙자, 노사가 그를 아주 기특하게 여겨 주었다고 한다.

　그는 14세 때인 서기 1868년(고종 5년)에 향시(鄕試)에 합격하여, 중앙의 생원시(生員試)에 진출할 수 있는 자격을 갖추었다. 매천은 청소년 시절을 과업(科業)과 문학 수업으로 보냈는데, 특히 그가 초년에 보다 힘 쓴 것은 문학 쪽이었고, 이름을 얻는 것도 시인으로서였다. 이리하여 그의 명성은 호남 일대에 서 날렸다. 그러나 그의 활동공간이 시골이었으므로 '서울'이라는 큰 무대를 동경하게 되었고, 급기야 8백리 길을 걸어 상경했다. 막상 서울에 올라가기는 했으나, 아는 사람이 없어 어찌할 바를 모르던 매천은, 마침내 영재 이건창(寧齋 李建昌)[6]을 말해주는 사람이 있어 자작시(自作詩)를 들고 찾아갔으나, 마침내 영재는 유배지에 있었기에 만나지 못하다가, 다음 해 그가 돌아오자 다시 자작시를 가지고 그를 찾았다. 첫 대면에서 두 사람은 지기(志氣)가 상합하여 이로부터

---

6) 이건창(1852~1898)은 조선 시대 문신이자 대문장가로 충청우도 암행어사, 해주 감찰사 등을 지내면서 관리들의 비행을 단속하고 백성들의 구휼에 힘썼다. 저서로는 《당의통략(黨議通略)》이 있다.

함께 지내는 일이 많게 되었다. 그의 나이 24세 때의 일이다.

구한말 한시단(漢詩壇)에는 삼웅(三雄)이 있었다고 한다. 이들은 바로 추금 강위(秋琴 姜瑋)와 창강 김택영(滄江 金澤榮) 그리고 매천이었다. 매천이 이와 같이 3웅으로 손꼽힐 수 있었던 것은 당시 영재가 진신(縉紳;언행이 점잖고 지위가 높음)들에 의해 문장의 제1인자로 손꼽혀서 당대의 명사로 추금이하 모든 사람이 종유(從遊)하지 않는 이가 없었는데, 그런 그가 매천의 시작(詩作)을 보고 높이 평가하였으므로, 이로 인해 명성이 날로 높아지게 되었다. 이후 매천은 일세의 명사들과 두루 교류할 수 있었으며, 추금, 영재, 창강과는 사우(師友)로서 대하였으며, 무정 정만조(茂亭 鄭萬朝), 하정 여규형(荷亭 呂圭亨), 해학 이기(海鶴 李沂)등과도 친분이 두터웠다.

더욱이 영재 이건창과 창강 김택영과는 신교(神敎)로서 서로 아껴 주었다. 그 점은 다음과 같은 사실로도 짐작할 수 있을 것이다. 영재가 죽음에 임박하여 한숨을 쉬면서, 구례 향리에 내려가 은거하는 매천을 보았으면, 죽어도 한이 없겠다 한 것이나, 매천이 순절한 후 중국에 가 있던 창강 김택영이 어려움을 잊고, 그곳에서 손수 《매천집》을 간행한 것은 그것을 말해주고 있다. 이로 인해 매천의 문명은 중국에 까지 알려졌다.

매천은 특히 강화학파 계열의 이건창(李建昌)을, 양명학적 경향의 김택영(金澤榮), 그리고 동도서기론(東道西器論)자로서 평가되는 신기선(申箕善)과의 접촉을 통해 그의 학문적 폭을 넓혀갔다.

그리고 이들과 함께 내외적으로 위협을 받고 있는 당시 조선사회의 현실을 자각하게 되었고, 개화사상(開化思想)과 밀접한 관련이 있는 이들과의 관계는 매천의 개화에 대한 인식의 변화에도 영향을 주었을 것으로 생각된다. 따라서 매천의 20대는 개항(開港;서기 1876), 임오군란(壬午軍亂;서기 1882) 등의 시대적 상황하에서 이와 같이 개화에 대한 인식에도 커다란 변화를 가져왔다고 하겠다.

매천은 그의 나이 29세 되던 해인 서기 1883년(고종 20년) 특설 보거과(補擧科)에 응시하여 초시(初試) 초장(初場)에 장원으로 뽑혔으나 시관(試官) 한정석(韓章錫)이 매천을 몰락한 양반의 가문의 시골 사람이라 하여 차석(次席)으로 떨어뜨리자, 조정의 부패를 절감한 매천은 회시(會試), 전시(殿試)를 포기하고 관계(官界)에 뜻을 잃고 구례(求禮)로 귀향하였다.

매천은 그 뒤 34세 되던 해인 서기 1888년 아버지의 명을 어기지 못해 생원(生員) 회시(會試)에 응시해 장원(壯元)으로 급제하였다. 그러나 당시 나라의 상황은 임오군란(壬午軍亂)과 갑신정변(甲申政變)을 겪은 뒤, 청나라의 적극적인 간섭의 정책하에서 수구파(守舊派)정권의 부정부패가 극심했으므로, 부패한 관리와 결별을 선언하고 다시 구례로 귀향하였다.

매천은 구례에서 작은 서재를 마련해 3천여 권의 서적을 쌓아놓고 독서와 함께 시문 짓기, 역사연구, 경제학 공부에 전념하면서 죽을 때까지 나들이하지 않았다. 하지만 당시의 관행에 매몰되어 있던 고루한 사람은 아니었다.

　인의예지(仁義禮智)를 숭상하는 유학(儒學)으로 다듬어진 선비이지만 유림(儒林)에도 비판을 가하였고, 성리학(性理學)이 능동적으로 대처하지 못하고 정체되어 있음을 비판하기도 하였다. 그런가 하면 숭유억불(崇儒抑佛)의 오랜 정책에도 불구하고, 매천은 유학자들이 불교를 매도하는 데 대한 비판도 가하였다. 그리고 그는 실학사상(實學思想)의 학문적 업적을 높이 평가하는 진보적인 학자였다. 그의 《매천야록(梅泉野錄)》에 의하면, 그는 실학자 다산 정약용(茶山 丁若鏞)의 학문적 업적을 전폭적으로 지지하고 있다.

　매천은 유학(儒學)·실학(實學)뿐만 아니라 서구(西歐)의 신학문(新學問)에도 마음을 기울였다. 그러기에 매천은 당시 개화(開化) 문제를 앞에 놓고, 서기 1898년의 상소(上疏)에서 갑오개혁(甲午改革) 이래의 혼란은 개화(開化)의 말(末)을 사랑하고 그 본(本)을 연구하지 않았기 때문이라고 지적하였다. 그리고 그 어원(語源)부터 유학의 전통적인 뜻인 '개물성무(開物成務; 《주역(周易)》 계사(繫辭) 上 十一)'와 '화민성속(化民成俗; 《예기(禮記), 학기(學記) 第十八)'의 두 개념으로 파헤쳤다. 즉, 그에 의하면 "무릇 '개화(開化)'라고 하는 것은 별것이 아니라, 만물의 뜻을 펴 백성을 편안하게 교화(敎化)하는 것을 말한다."고 하고 있다. 이렇듯 매천의 입장은 유교적 정신에 입장을 둔 사회개혁을 바탕으로 서양의 학술이나 제도, 법의 유용성을 도입하여 조선왕조의 발전을 이룩하자는 것이었다. 말하자면 매천은 동양의 도(道)는 고수하되 부국강

병을 위해 서양의 기(器)를 채용할 것을 주장하는 동도서기론적(東道西器論的) 인물이라고 할 수 있다.

 매천은 이같이 향리인 구례군 광의면 월곡마을에서 서구의 개화사상에 귀를 기울이며, 학생들을 가르치고 학문을 닦으며 지내었다. 그는 서기 1905년(광무 6년) 월곡마을로 이사한 지 3년 만에 5적 대신에 의해 을사늑약(乙巳勒約)이 체결되고 일제(日帝)의 통감부(統監府)가 우리나라 심장부인 서울에 설치된다는 소식이 구례에까지 전해지자, 나라가 망해가는 슬픔을 달랠 길 없어 대성통곡하며 식음을 전폐하고 시(詩)로 마음을 달랬다.
 그때 남긴 '문변 삼수(聞變 三首)' 중 끝 구절에서는 이렇게 읊고 있다.

> 한강물이 흐느끼고 북한산이 신음하는데(河水吞聲白岳筑築)
> 세도가 양반들 티끌 속에 묻혀 있네.(紅塵依舊族寶紳)
> 청하노니 '역대간신전'을 훑어보소.(請看歷代奸臣傳)
> 나라를 팔아먹었지 나라 위해 죽어간 자 있었던고?(賣國怨無死國人)

 그리고 김택영과 함께 중국에 망명하려 했으나, 여비가 여의치 않아 뜻을 이루지 못하고 울분에 찬 마음을 달랬다.
 또한, 그는 '오애시(五哀詩)'를 지어 을사늑약(乙巳勒約)이 체결된 직후 순국(殉國)한 조병세(趙秉世), 민영환(閔泳煥), 홍만식(洪萬植)을 감모하고, 이미 세상을 떠난 면암 최익현(勉菴 崔益鉉)과

영재 이건창(榮齋 李建昌)을 추사(追思)하여 시국(時局)을 근심하였고, 평양대병 김봉학(金奉學)이 자재(自裁)한 것을 슬퍼하며 갸륵하게 생각하여 애도하는 시도 지었다.

서기 1907년 일제가 고종(高宗)을 퇴위시키고 한일신협약(韓日新協約)을 체결한 후 통감(統監)의 권한을 대폭 강화하는 한편, 사법권과 경찰권을 박탈하고 군대마저 해산시키자, 각지에서 의병(義兵)이 치열하게 일어났다. 매천은 의병대열에 직접 참여하여 싸우지는 못했으나, 쓰러져 가는 의병을 보고 가슴 아파하는 애통의 시를 남겼다.

간난이 다시 불어쳤던 제야를 맞이하니(艱難又到歲除天)
올해의 밤은 지난해와 다르구나.(此夜今年異往年)
원충(의병)이 쓰러져 눈 속에 묻힌 곳이 얼마나 많은고?
(幾處猿虫僵雪裏)

천교에 표호(왜병)가 사람 앞에 일어나는구나.(千郊豹虎起人前)
허공을 향해 꾸짖어도 끝내 보상할 길 없고(向空怒罵終無補)
땅을 치고 미쳐서 외쳐대도 자신이 가련할 뿐이구나.
(斫地狂歌只自憐)
막상 닭이 운 후(조약체결 후)에 감당할 수 없음을 생각하니
(設想不堪鷄唱後)
지난 봄소식이 아득히 바뀌는 것만 같구나.(往春消息轉茫然)

매천은 개화(開化)에 대하여 기본적으로는 동의하면서도 을사늑약(乙巳勒約)이 체결되자, 이래서는 안 되겠다고 생각하여 서기 1908

년 사립학교 건립을 위해 뜻 있는 사람들의 도움을 요청하는 '사립학교호양학교모연소(私立學校壺陽學校募捐疏)'를 내었다. 그의 명망에 따라 인근 광의면 주민들의 성금이 답지했다. 주민들 역시 재래의 서당식 교육에서 벗어난 새로운 학문을 요구했다. 그리하여 매천은 자기의 사재와 지역 유지들의 출연으로 향리인 방호산 남쪽에 신학문 교육기관인 '호양학교(壺陽學校)'를 세웠다. 동교의 교사들로서는 매천의 문인 박태현, 권석우, 왕재소, 권봉수, 왕수환 등 6명이 활동하였으며, 12년 동안 학생 100여 명에게 지리, 수학 등 신학문(新學問)을 가르치며 구례지역 민족교육(民族敎育)의 산실 역할을 하였다.[7] 그리고는 자손들과 제자들에게 항상 이르기를 다음과 같이 하였다.

첫째 자신의 몸가짐을 준엄하게 채찍질하라.
둘째 너희들이 진실로 나랏일을 걱정한다면 그릇된 학문을 하지 말고 신학문을 깨우쳐라.

그러기에 그는 만년에 자손이나 제자들 중에 시문의 강을 청하면 "신학문을 깨우쳐라."라 하며 호통을 쳐 보냈다고 한다.
두메산골 구례에 그 당시 매천이 호양학교를 세웠다는 것은 그 자신의 신학문에 대한 열의와 더불어 애국심의 실천을 보여준 것이라 하겠다. 동 호양학교는 그가 자결한 후로도 5~6년간 계속 유

---

7) 구례군지 편찬위원회, 구례군지, 224면.

지되어 왔으나 일제의 탄압으로 끝내 문을 닫고 말았다. 현재는 방광(放光)초등학교가 호양학교의 전통을 이어받고 있으며, 당시 사용하던 동종(銅鐘)은 구례 향토문화유산 제31호로 현재는 순천대학교 박물관에 보관되어 있다.

매천의 작품 중 《매천시집》도 시집이려니와 우리는 그의 《매천야록(梅泉野錄)》에 유의할 필요가 있다.[8]

매천의 한시(漢詩)는 사후에 김택영이 편집하여 중국 상해에서 출판한 바는 있다. 그러나 《매천야록》과 《오하기문》, 《감오평비책》 등의 글은 광복 후까지도 공개되지 않고 구례의 본가에 비장되어, 매천이 그런 책을 썼는지조차도 몰랐었다. 《매천야록(梅泉野錄)》이 공개되지 않고 오랫동안 비장 되어 온 것은 매천의 유언에 따른 것이었다. 매천이 순절할 때 자손들에게 이 책은 절대 외부 인사들에게 보이지 말라고 당부하였고, 자손들은 그의 유언을 잘 지켜 깊이 비장해 외부에 내어놓지 않았다.

원고를 비장하라고 한 것은 후손들이 책으로 인하여 피해를 입지 않을까 하는 염려 때문이었다. 아마도 이러한 경우는 고려 말에 원천석(元天錫)이 이성계의 역사적 범죄를 고발하는 사시(史詩)를 남기면서 후손들에게 세상이 바뀔 때까지 절대 공개하지 말라고 당부한 일이 있었는데 이런 경우와 같다 할 것이다. 어리석게도 원천석의 후손들은 손자 때 성급히 열어 보았다가, 까무러치게 놀라 불

---

[8] 김경식, 남도길, 숨은 명소, 그 사람.―첫번째 이야기, 교육과학사, 2014.

태워 버린 일이 있었다.

아무튼, 원본 1부만 가지고는 인멸될 우려가 있어, 그 후 후손들은 부본을 더 만들어서 당시 상해에 체류 중인 창강 김택영에게도 보냈다. 그래서 김택영은 그의 저서인 《한사경(韓史綮)》에서, 《매천야록》이란 이름의 책이 있다는 사실이 세상에 알려졌으나, 그 내용에서는 전혀 알 길이 없었다. 그러다가 8·15 광복 후인 서기 1955년에서야 국사편찬위원회가 간행한 《한국사사료총서》의 첫 권으로 45년 만에 출판되어 그 내용이 비로소 알려졌는데, 이 책의 간행을 주관한 이는 신석호(申奭鎬) 교수였다.

매천의 《매천야록》은 뜨거운 정의감을 갖고 역사를 비판한 산 역사이다. 《매천야록》이 없었더라면 조선왕조 말기의 사실들이 인멸되어 없어졌을 것이라는 가정도 배제할 수 없다. 그만큼 이 책은 지난날의 일연(一然)의 《삼국유사》처럼 귀중한 역사서가 되고 있는 것이다.

《매천야록》은 서기 1864년(고종 원년)부터 서기 1910년에 이르는 47년간의 정치, 경제, 외교, 사회, 문화 전반에 걸쳐 매천이 자신의 견해에 따라 기록한 것이다. 특히 세도정치(勢道政治)의 부패성, 청·일 양국 간의 각축, 갑오경장, 동학농민운동 등 러시아 세력의 침투, 러·일 전쟁의 발발과 그 경과, 친일파의 매국행위, 의병활동, 탐관오리의 비행 등 19세기 후반에서 20세기 초반에 이르는 격동기의 역사적 상황과 그 추이가 상세히 기록되어 있다. 그런데 서기 1910년 8월 29일 경술국치(庚戌國恥) 이후 자결할 때까지 10여 건의 끝부분은 그의 문인 고용주(高墉柱)가 추가한 것이다.

서술 체제에 있어서는 서기 1894년 이전은 수문수록(隨聞隨錄)하여 연대순으로 배열하였으나, 명확한 연월일이 표시되어 있지 않을 뿐만 아니라, 기록은 편년체로 기술하여 연월일 순으로 비교적 잘 되어있다. 따라서 서기 1894년 전후 저술된 것으로 보고 있다.

《매천야록(梅泉野錄)》은 개인이 기록한 사찬사(私撰史)이기 때문에 사료 수집에 있어서 한계가 있었던 반면, 기사 선택과 자신의 평가에 있어서 사사로움이 보인다.

매천은 한양에서 유학하면서 전술한 바 있듯이 강위, 이건창, 김택영 등과 교류하였고, 생원진사시의 초시에 장원한 후 다시는 과거를 보지 않았으며, 그 후 구례에 기거, 사료 수집에 주력하였다. 따라서 전해 들은 것을 통해 자신의 지식과 평가를 가미하여 기록하였고, 그 결과 연대가 바뀌기도 하였다.

한편 이러한 사료 수집의 환경은 기록의 대상이 다양하고 넓었으며, 사안에 대한 비판의 자유로운 점으로 작용했다. 그래서 다른 역사서에서 잘 보이지 않는 개인, 친인척, 스승, 교우관계 등과 같은 인물평가에서 과감하게 긍정적 또는 부정적인 면을 기록하고 있다.

특히 매천은 실무 관료 출신이 아닌 점은 안동김씨 세도정치, 민씨 정권, 대원군 세력, 개화파, 위정척사 세력, 동학농민운동 등의 정치적 현실 인식에서 좀 더 대국적이고 객관적인 입장에서 비판과 칭찬을 아끼지 않게 하였다. 이 점은 《매천야록》을 쉽게 세상 밖으로 나올 수 없게 하였고, 나아가서는 양서로 평가되는 부분이다.

한편으로는 사회, 경제 등 일상생활에 대한 애착을 보였다. 천주교, 과거제도, 개가(改嫁), 서자(庶子), 교육문제를 비롯하여 석유, 장탕반(漿湯飯)과 같은 음식, 전보, 약령시, 의복, 풍속 등 사회문제와 화폐, 조세 문제를 기록하여 생생한 생활사를 확인할 수 있다.

《매천야록》에 수록된 사실은 사실만을 기록한 것도 있으나, 자신이 스스로 각 사실에 대하여 주관적인 비판을 가한 것이 많이 있어, 더욱 사료의 중요성을 띠고 있으며, 사실만을 기록한 것이라 해도 많은 부분의 관찰기록이나 기타 개인 기록에서 찾아볼 수 있는 것들이라 귀중한 자료들이다.

우리는 《매천야록》을 읽을 때, 역사자료로서의 풍부한 내용과 함께 저자의 날카로운 역사의식(歷史意識)[9]과 비판정신(批判情神)에 더욱 주목할 필요가 있다.

《매천야록》은, 읽어보면 금새 알 수 있지만, 단지 사실을 수합하여 기록해 놓은 보통의 '야록(野錄)'과는 다른 일종의 비평서로서의 야록이다. 이 책에서는 매천 자신의 학문과 예리한 비판정신이 그의 애국심과 배합되어 높은 향기를 풍기면서 잘 드러나고 있

---

9) 문승이 편저, 매천 황현의 생애와 사상, 매천사 창의회, 2007, 17~20면.

다. 《매천야록》은 매천이 시인일 뿐만 아니라 조선왕조 말기의 탁월한 비평가였음을 단적으로 나타내주는 작품이다.

　매천의 비판정신은 어떠한 사건이나 인물을 평함에 있어서, 예리한 통찰력을 가지고 단 한 치도 돌아가려 하지 않고, 정면으로 파고들어 철저하게 척결(剔抉)하면서, 상징적 용어를 적절하게 선택하여 표현하는 것에 그 특징이 있다고 하겠다. 그의 비판의 대상은 물론 일차적으로 일제, 러시아, 청국 등 우리나라에 대한 침략을 시도했던 당시 열강세력과 그에 부화뇌동하는 민족반역자 및 탐관오리들 이었다. 물론 왕비도 예외는 아니었으며, 때로는 국왕에 대해서도 날카로운 논급을 하고 있다. 그러나 매천은 여기에 그치지 않고 애국운동에 대해서도 거침없이 예리한 비판을 가하고 있다. 예컨대 동학농민운동을 민중혁명 운동으로 보면서도, 시종일관 '비도(匪徒)'로 비판하고 있으며, 서기 1906년 이후에는 신문학의 필요와 애국 계몽운동을 인정하면서도 계몽단체들이 '유담(遊談)'이나 한다고 비판했고, 의병운동을 높이 평가하면서도 홍주(洪州)의병이 사대부와 이서(吏胥)를 차별했다가, 이서들의 반역으로 인하여 참패하고, 민종식이 주도했다고, 그 취약점에 대해서 단도직입적으로 혹평을 내리고 있다. 비평서로서의 《매천야록》은 다른 곳에서 찾아보기 힘든 날카로운 통찰력과 격조 높은 비판의 눈과 문학적 상징표현으로 충만 되어 있다 할 것이다.[10]

---

10) 문승이 편저, 같은 책, 96~101면 신용하, '매천 황현의 비판정신과 현대적 의의' 참조.

우리는 《매천야록》에 깃들인 역사의식을 형성한 바탕으로 매천 자신의 일관된 삶의 자세를 볼 수 있다. 그것은 한 마디로 문학(文學)과 역사(歷史)와 행동(行動)의 일치였다. 매천, 그는 시(詩)를 통해 어지러운 시대의 비분강개한 마음을 노래하기도 했고, 급변하는 역사적 추이를 예의주시하면서 비판적으로 이를 역사(歷史)로 기록하는 한편, 민족의 운명과 함께하며 지식인으로서의 본분을 행동(行動)으로써 지켜내고자 했다.

《매천야록》에는 우리나라의 역사 정신, 즉 사혼(史魂)이 깃들어 있다. 불의를 보고 용납하지 않는 정의감이 충만 되어있는 것이다. 이것은 기술한 바 있지만 고려 말의 충신 원천석의 역사 정신을 이어받은 것이라 할 수 있고, 조선왕조실록을 기록한 사관(史官)들의 정신을 그대로 이어받은 것이라고 할 수 있다.

매천의 역사 정신은 그가 순국한 후에도 계속 살아남아서, 민족사학자 박은식(朴殷植)이나 신채호(申采浩), 송상도(宋相燾), 정인보(鄭寅普)[11] 등으로 이어져, 일제하의 항일민족사학(抗日民族史學)이 형성되었던 것이다.

서기 1910년 8월 29일 경술국치(庚戌國恥)의 비보(悲報)가 매천이 살던 전남 구례 월곡마을에 전해진 것은 약 1주일이 늦은 음 8월 3일이었다고 한다. 그날 따라 방문한 손님과 바둑을 두고 있던 매천은 송진 불을 켜고 황성신문(皇城新聞)을 읽어 내려가는데, 그

---
11) 문승이 편저, 같은 책, 20면.

때 이웃에 노인이 와서 함께 유숙(留宿)하려 하였다. 그러자 매천은 술을 내어 삼배(三盃)를 들며 이르기를 "나는 오늘 밤 할 일이 있으니, 가아(家兒)의 방에서 주무시오."하고 물리치고는 방문을 걸어 잠그고는 '절명시' 네 수와 유언서를 마무리하자마자 술에 아편을 타 끌어 마시었다. 그날 밤 사경(四更;새벽 1~3시 사이)에 장남 암현(岩顯)이 그 사실을 알고, 삼촌 원(瑗)에게 알렸다. 원이 달려가 울면서 "전하실 말씀이 없는가요?" 물으니 매천은 "너희 나이 40이 넘었는데 조금은 깨달음이 있을 터인즉, 어찌 내가 이렇게 된 것을 애통해하는가? 세상일이 이 지경에 이르렀는데 선비가 죽는 것이 당연한 것이 아니겠느냐? 다른 할 말은 없다. 단 내가 쓴 유서를 보라."하며 태연히 웃으면서 "죽기도 쉽지는 않구나! 독약을 마실 때, 세 번이나 입에서 떼었으니, 내가 이렇게 어리석을 수가 있겠는가?"하였다. 조금 지나서 숨을 거두었으니 향년 56세였다. 그해 10월 20일 그의 유언에 따라 구례군 유산촌(乳山村) 뒤 간좌(艮坐)에 장사하였다.[12] 매천은 순국할 때, 다음과 같은 절명시(絶命詩) 4수(首)를 남기고 세상을 떠났다.

> 난리 속에 휩쓸려서 어느덧 백두년[13]이 되었구나.(亂離袞到白頭年)
> 몇 번이나 목숨을 끊으려다 이루지 못했네.(幾合捐生却未然)
> 오늘에야 참으로 어찌할 수 없게 되었으니(今日眞成無可奈)
> 가물거리는 촛불만 창공에 비치네.(輝揮風燭照蒼天)

---

12) 앞의 책 참조.
13) 머리가 희어진 나이.

요망한 기운이 가리고 덮어 제성(帝星)[14]이 옮겨져 가는데
　　　　　　　　　　　　　　　　(妖氣掩翳帝星移)
구궐[15]은 침침하여 주루(晝漏)[16]가 더디구나.(九闕沈沈晝漏遲)
이제부터 황제의 조칙(詔勅)[17]을 받을 길 없으니(詔勅從今無復有)
구슬 같은 눈물이 주룩주룩 조칙에 얽히는구나[18](琳琅一紙涙千絲)

새 짐승도 슬피 울고 강산도 찡그리니(鳥獸哀鳴海岳嚬)
무궁화 온 세상이 이제는 망해버렸구나.(槿花世界已侵淪)
가을 등잔불에 읽던 책 덮고 지난날 회고하니(秋燈掩卷悔千古)
글 아는 사람노릇하기 어렵기만 하구나.(難作人間識字人)

일찍이 나라를 지탱할 조그마한 공도 없었으니(曾無支廈半椽功)
단지 인(仁)을 이룰 뿐이요 충성은 아니네.(只是成仁不是忠)
겨우 능히 윤곡(尹穀)[19]을 따르는 데 그칠 뿐이요(止竟僅能尹穀)
당시의 진동(陳東)[20]을 따르지 못함이 부끄러울 뿐이다.
　　　　　　　　　　　　　　　　(當時愧不躡陳東)[21]

　이어 '유자제서(遺子弟書)'라는 유언장을 남기며, 거기에서 왜 내가 죽어야 하는 가를 다음과 같은 '당사지의(當死之義)'에서 말을 남기고 있다.

---

14) 별자리 이름.
15) 문이 겹겹이 달린 깊은 대궐.
16) 낮 시간.
17) 어명을 적은 문서.
18) 적시는 구나.
19) 중국 송나라 때 진사로 몽고 침입으로 가족이 모두 죽음.
20) 중국 송나라 때 선비로 국가의 기강을 세우는 상소를 하다가 왕의 노여움을 사 억울하게 죽음.
21) 《梅泉集》卷5 詩 絶命詩

내가 가히 죽어 의(義)를 지켜야 할 까닭은 없으나, 단 국가에서 선비를 키워 온 지 5백 년에 나라가 망하는 날을 당하여 한 사람도 책임을 지고 죽는 사람이 없다. 어찌 가슴이 아프지 아니한가. 나는 위로 황천(皇天)에서 받은 올바른 마음씨를 저버린 적이 없고, 아래로는 평생 읽던 좋은 글을 저버리지 아니하려 길이 잠들려 하니 통쾌하지 아니한가. 너희들은 내가 죽는 것을 지나치게 슬퍼하지 말라.[22]

하였다.

유서(遺書)를 마무리 하자, 매천 황현(梅泉 黃玹;서기 1855~1910)은 서기 1910년 음 8월 3일 밤, 위의 시 네 수와 유언서(遺言書)를 남기며, 술에 탄 아편을 먹고 자결 순국(自決 殉國)하였다. 어찌 이런 비통한 일이 있다는 말인가?

우리는 위의 매천(梅泉)의 '절명시(絶命詩)'에서 망국(亡國)을 맞아 선비로서 일제의 치하에서 노예가 되는 것을 단연코 거부하고, 자결한 굽힘 없는 절개와 선비정신 그리고 애국의 정을 읽을 수 있다.

이 땅에 사는 한민족이라면, 이 땅에 사는 뜻이 있는 사람이라면, 목적을 위해 수단과 방법을 가리지 않는 사람이 아니라면, 이 절명시를 읽고 그에게 고개를 숙이지 않을 수 없을 것이다.

또한 '유자제서'에서 보듯, 매천은 조선조(朝鮮朝)에 대한 책무를 다하기 위해서가 아니라, 오직 선비 또는 지식인(知識人)으로서

---

22) 《梅泉集》, 梅泉本傳.

의 의리(義理)와 지성(知性)을 지키기 위해서 죽음을 택한 것임을 인식할 수 있다. 그의 죽음이 일제(日帝)에 대한 항거의 적극적인 수단은 되지 않았지만, 그의 순국(殉國)은 그 후 거듭되는 민족운동(民族運動)의 밑거름이 되었다는 것은 부인할 수 없다.

우리는 여기서 잠깐 '절명시'에 대한 이해와 감상을 하는 것은 우리가 매천을 이해하는데 있어서 퍽 도움이 될 것이다.

이 '절명시'는 조선조(朝鮮朝)라는 조국의 피탈(被奪)에 대한 저항적(抵抗的) 우국적(憂國的)인 7언 절구(絶句)의 시이다.

제1수에서는 매천은 이미 을사년(서기 1905년 을사늑약이 있던 해)부터 순명(殉名)을 결심해 왔음을 말해주고 있다. 그는 창공을 비출 촛불에다 자신의 한 가닥 양심을 비유하고 있다.

제2수에서는 나라의 종언을 고하고, 나라를 넘기는 조서(詔書)인 만큼 임금의 음성이 다시는 없을 것이라 하여 슬퍼하고 있다.

제3수에서는 매천은 지식인으로서의 자책(自責)을 드러내고 있다.

제4수에서는 자신이 죽는 것은 충성을 다하기 위함이 아니라, 인(仁)을 이룩하기 위한 것이라고 하고 있다.

그러나 적을 탄핵하다가 참형 당한 송나라 때의 진동(陳東)을 본받지 못하고 겨우 몽고병의 침입에 자결하고 만 윤곡(尹穀)의 뒤나 따를 뿐이라고 통탄하고 있다.

이 매천의 절명시야말로 분명 우국(憂國)의식이 짙은 수준 높은 시가 아닐 수 없다.

매천이 순국하던 당시 장지연(張志淵)은 경남일보 주필로 있으면서 매천의 시를 게재하였다. 경남일보는 이 절명시의 게재로 폐간되기에 이르렀다. "선비는 나라의 원기(士國之元氣)"라는 말이 있다. 어떻게 그렇게 깨끗하고 올바르게 인생을 보낼 수 있으며, 그렇게 선비다운 죽음을 택할 수 있을까 하는 점이다.

매천은 나라에 벼슬한 적이 없어 한 치의 나라의 녹(祿)도 받지 않았으니, 나라가 망한다 하여 죽어야 할 까닭도 없고 책임도 없었다. 한 시골의 가냘픈 선비가 죽지 않으면 견디지 못할 뜨거운 나라 사랑을 지녀야 할 이유가 무엇인가? 그 이유야말로 선비로 태어나 선비로 살았던 선비정신의 발로였다.

매천의 정신에는 이해를 돌보지 않고, 자신의 소신에 편안히 순결(殉決)하려는 철학이 있었고, 또 평소에는 자기의 몸을 항상 깨끗하게 지켜나가려는 결신(潔身)의 지조가 있었다.

그러기에 매천은 불의와 악의를 미워하고, 옳고 바른 일에는 물불을 가리지 않고 이에 동참하였다. 창강 김택영(滄江 金澤榮; 서기 1850~1927)[23]은 또 매천의 이러한 정신을 다음과 같이 말하고 있다.

기개가 올올하여 남에게 굽히려 하지 않았다. 교만하거나 스스로 귀하다고 하는 무리들을 보면 그 자리에서 면박했다. 그러나 자신과 마음이

---

23) 김택영(金澤榮, 1850년~1927년)은 대한제국기의 문신·학자·시인이다. 자는 우림(于霖), 호는 창강(滄江)·소호당주인(韶護堂主人) 일찍부터 시를 잘 지어 당대의 시인 이건창(李健昌)·황현(黃玹) 등과 교유, 고종 28년에 진사(進士)가 된 이래 편사국 주사, 중추원 서기관 겸 내각기록국 사적과장을 지냈다.

합하는 사람을 대하면 따뜻한 봄날의 화기로 담소하였다. 마음이 통하는 친구 중에서 상(喪)이나 죽음을 당하면 백리 천리라도 도보로 달려가 진심으로 위로하고 돌뵈주며 조상하였다. 평소에 글을 읽다가 충신, 의사들이 곤욕스러운 액운과 싸운 원통한 대목을 보면 그는 철철 눈물을 쏟아냈다.[24]

이렇듯 매천은 유학자(儒學者)로서의 자기 결백과 결신의 지조를 지니고 있었다. 그러기에 그는 그 결백을 역사적인 의미의 결백과 일치시키고, 나아가서 싸우는 조국, 싸우는 민중과 어깨를 나란히 하였다. 여기에서 우리는 매천을 통하여 민족 지성이의 교육적인 인간상을 찾아볼 수 있는 것이다.

---

24) 김경식, 남도길, 숨은 명소, 그 사람-첫 번째 이야기- 교육과학사, 2014, 281면.

제4절 일유재·매천의
사학 설립과 순국(殉國)의 교육적 의미

을사늑약(乙巳勒約)이 체결된 이래 나라 전체가 가마솥에 물 끓는 것 같이 분노가 들끓었으며, 왜놈들을 죽이라고 떠들었다. 시정(市井)의 장사치도 낙심하여 가슴을 치며, 오적(五賊)의 살을 씹고 싶어 하지 않는 이가 없었다. 모두들 원수를 갚을 계책을 분주하게 궁리하였다. 그러나 많은 사람들은 빈손으로 준비도 없이 어떻게 해야 할지를 모른 채 불안해하고 있었다.

그때 보국(輔國) 민영환(閔泳煥)이 토적(討賊)하는 의리로써, 백관(百官)을 거느리고 몇 날을 정청(庭請)하다가 뜻대로 되지 않자, 물러가서 스스로 목을 찔러죽었다.

원임대신(原任大臣) 조 병세(趙 秉世)는 가평(加平)에서 올라와서 입대하기를 청하여, 차자(箚子)를 올린 다음 여관에 물러가서 독약을 마시고 순절(殉節)하였다. 참판(參判) 홍만식(洪萬植)은 여주(驪州) 시골집에서 약을 마시고 자결하였으며, 주사(主事) 이상철(李相喆), 병정(兵丁) 김봉학(金奉學)도 자결하였다.

이 외에도 많은 사람들 자결하였지만 그들의 행적은 친일내각의 통제로 더 이상 알려질 수가 없었다.[25] 이들은 조정과 가까운 현직에서 순국한 말하자면 현직 공무원 격이었다.

문화민족인 한민족의 양식으로서 그럴 수밖에 없었다. 이유야 간

---

25) 姜吉遠, 勉菴 崔益鉉의 丙午倡義, 全北史學 20, 향토개발협의회, 2000.12, 105면.

단하다. 역사상 나라가 전쟁으로 망하는 것을 우리는 수없이 보아 왔다. 그러나 종이 한 장에 그것도 강제로 서명하여 나라가 망한 꼴은 역사상 어디서도 볼 수 없었고, 다만 당시 '을사늑약' 밖에 없었지 않았는가?

우리 호남지방에서도 북쪽에서는 김제 금구에서 일유재 장태수와 남쪽에서는 구례에서 매천 황현은 현직 인물과는 달리 재야에서 자결(自決) 순국(殉國)한 인물이었다. 다만 이들에게는 공통된 점과 다른 점이 있다.

두 분의 공통점은 두 분 다 같이 20대 약관으로 과시에 합격한 점, 다 같이 순국하기 전 짧았지만, 약속이나 한 듯이 서기 1907년과 1908년 각각 근대학교를 창설하여 구국을 위하고 미래를 위한 신식교육을 시작했다는 점, 무엇보다도 백성으로서의 생활 관계에서 의(義)로서의 순국한 점에 있다. 두 분의 다른 점은 일유재는 퇴직 고관으로 있었음에 반하여, 매천은 재야 선비로서 일생을 다하였는 점일 것이다.

일유재나 매천 역시 조국의 힘없이 망하는 현실에 울분한 것만은 아니다. 이들은 머리카락 하나라도 그것은 신체의 일부이며, 그것을 훼손시키는 것은 부모의 신체 일부를 상(傷)하는 불효(不孝)라는 강한 신념을 가지고 있는 것은 그 누구보다도 그들이 수양하는 유교 윤리에서 온 것이다. 그러한 입장에서 목숨마저 스스로 버리는 강한 집념은, 다 같이 쓰러져 가는 나약한 조국을 보며 스스로의 반성과 백성 된 자에게 각성을 촉구하는 결단의 민족적 양심의 발로였다.

일유재는 한 인간으로서 이승에서 마지막인 순국의 그 찰나 전, 단식 중에 "대한동포에게 고함"이란 글을 남기었다. " …… 오직 바라옵건대 동포들은 한 가정 한 마을로부터 팔도(八道)의 전역에 이르기까지, 한마음 한뜻으로 의기(義氣)를 뭉치면 황실을 회복할 수도 있을 것이오, 왜적을 섬멸할 수 있을 것입니다. 저들은 비록 장총과 대검이 있다고 하나, 오직 우리의 의기가 이르는 곳에 꺾이지 않는 것이 없을 것입니다. …… 엎드려 바라옵건대, 능히 대의(大義)를 천하에 펴서 종묘와 사직을 다시 편안하게 하고, 평성들이 모두 온전하게 살아갈 수 있게 된다면, 저 같은 사람은 비록 죽는 날이라도, 도리어 사는 날이 될 것입니다."라는 의미심장(意味深長)한 글을 남겼다.

또한, 매천은 순국하던 날 밤 쓴 그의 '절명시(絕命詩)'에서, 우리는 망국(亡國)을 맞아 선비로서 일제의 치하에서 노예가 되는 것을 단연코 거부하고. 자결한 굽힘 없는 절개와 선비정신 그리고 애국의 정을 읽을 수 있다. 또한 그의 '유자제서'에서 보듯, 매천은 조선조(朝鮮朝)에 대한 책무를 다하기 위해서가 아니라, 오직 선비 또는 지식인(知識人)으로서의 의리(義理)와 지성(知性)을 지키기 위해서, 죽음을 택한 것임을 인식할 수 있다.

그의 죽음이 일제(日帝)에 대한 항거의 적극적인 수단은 되지 않았지만, 그의 순국(殉國)은 그 후 거듭되는 민족운동(民族運動)의 밑거름이 되었다는 것은 부인할 수 없다.

또한, 일유재나 매천은 당시 전통교육이라는 '서당(書堂)의 구식교육의 틀에서 벗어나 개령서당의 한계를 벗어나, 약속이나 한 듯 각각 서기 1907년과 1908년에 다 같이 신식교육으로 미래를 바라보는 호남에서는 최초로' 민족사학(民族私學)을 창립하였다. 두 분의 이러한 점을 염두 한다면, 당시 일제에 힘없이 당하는 조국의 현실을 보면서 '순국'이라는 엄청난 사건은 그 당시 조선 신민(臣民)에게 반성과 깨우침(覺醒)을 촉구하는 한민족의 양심으로서의 교육적 행동이 아닐 수 없다.

당시 일유재나 매천은 선비정신으로 일관한 우국충정의 지식인이었다. 조국이 망하는 현실 앞에서 생명마저 포기하는 이들의 '순국'이라는 하나의 사실은 호남인에게 많은 감화(感化)를 주어 지식인들에게 충정의 깨우침을 주었음을 우리는 부정할 수 없다.

이 땅에 사는 한민족이라면, 이 땅에 사는 뜻이 있는 사람이라면, 또한 목적을 위해 수단과 방법을 가리지 않는 사람이 아니라면, 두 분의 순국에 고개를 숙이지 않을 수 없을 것이다. 이 두 분의 순국은 결국 민족이 어떻게 나가야 할 것인가를 순국으로서 민족적 '깨우침'의 감화의 교육적 효과를 가져왔다 할 것이다.

생각컨대, 서기 20세기 초엽은 우리의 국가적 상황은 세찬 풍전등화의 위기적 상황이었음은 물론, 이러한 상황의 위기 탈출을 위한 모색의 양상은 호남도 예외는 아니었다.

특히 교육계에서는 일반 사학의 설립은 전국 어디에서 볼 수 있듯이 우후죽순격의 현상을 가져왔다는 것은 우선 《매천야록》에서 인식할 수 있다.

그러나 일유재와 매천의 민족사학의 설립과 순국은 근대 민족사학의 제도적 장치를 통한 민족의 역량을 기루기 위한 것이었고, 아울러 그들의 순국은 호남을 넘어 전국을 향한 민족 자각의 깨우침의 감화를 가져왔으니, 이는 당시 민족교육의 선구로서, 호남민족교육사의 영원한 샛별이 아닐 수 없다.

제2장 호남항일민족교육가·군민의 민족사학 설립과 지원

흔히들 학계는 물론 일반인들까지도 일제의 침략기를 '일제강점기(日帝强占期; 서기 1910~1945)'로 부르고 있다. 그러나 필자는 이를 확장하여 이른바 '통감부기(統監府期; 서기 1906~1910)'는 '주권침해기', '일제강점기'는 '주권상실기'로 시대구분하고 있음은 서기 1985년 이후 변함없는 지론(持論)으로서 학계의 유일한 시대 구분론이다. 그것은 '통감부 시기'라든가 '일제강점기'로 하는 경우는 당시 한반도의 우리의 상황을 우리 민족이 아닌 일제의 입장에서 인식하기 때문이다.

주권 침해기에는 앞에서도 지적한 바 있지만, 우리나라에서는 근대사학들이 우후죽순격으로 나타났음은 제1장에서 언급한 바 있다. 그리하여 호남에서도 많은 사학이 나타났지만, 확정적인 국가위기의식을 느끼고 민족사학을 설립한 대표적인 민족사학의 선구로서 샛별인 관계 출신인 일유재의 '신명학교'와 재야 선비출신의 매천의 '호양학교'의 경우를 우리는 제1장에서 지적한 바 있다. 그러나 이들은 학교 설립 후 다 같이 '순국'으로서 또 한 번 민족적인 큰 각성의 계기를 형성하였기에 우리는 하나의 장을 설정하여 별도로 기술한 것이다.

주권상실기에 있어서 근대 민족사학 설립 교육가 역시 관계 출신과 민간 교육가로 나누어 기술하고자 한다. 민간 교육가 출신은 편의상 개인적인 경우로서 당시 부호 출신과 단체로서는 군민(群民)의 경우인 전북 고창(高敞)의 군민들을 들었다.

부호(富戶 : 부잣집)들은 대체로 3개 유형으로 나눌 수 있다. 첫째는 일제를 등에 업고 서기 1900년 초 이후 형성된 친일파 계통의 부호들이고 둘째는 구한말 지방 지주들로 독립운동과 관련하여 특히 북간도 지방으로 이주한 부호들이다. 셋째는 구한말부터 지방에서 자수성가(自手成家)하여 대대로 부를 누려온 부호들이다.

첫째 유형의 부호들은 민족의 혼도 없이 일제에 아부하며 일제의 앞잡이로서 사치와 교만과 반민족행위를 한 자들이다. 문제는 셋째 유형으로서 국내에서 자기 지방에서 부를 축적하고 근면과 성실로 일관하며 자신들에게는 구두쇠처럼 검소한 생활을 하지만 인근의 주민들이 재난이나 흉년에는 당연한 의무로 알며 구휼(救恤)하며 덕(德)을 베푸는 것을 공통점으로 지적할 수 있다. 호남지방에서 흔히 볼 수 있는 선덕비(善德碑)의 주인공들이 바로 그 경우이다.

다른 지방은 모르겠으나 호남지방의 부호들은 필자의 안목으로 보면 선덕비의 대상 주인공들이 많다. 그러나 이러한 유형의 부호들은 주권상실기에 친일(親日)로 오해 받아 온 경우가 허다하다. 물론 친일이냐의 옥석을 가리는 것은 도도히 흐르는 역사 속에서 밝혀질 것이나, 요즘과 같이 여론몰이로 몰아부쳐서도 안 될 것이다.

필자가 본 절에서 논의하고자 하는 부호들도 친일파라는 누명에 자유로울 수는 없었다. 오늘날 이른바 좌파들은 결과적으로 부(富)를 누린 부호나 자본가들은 부가 불공평하게 축적되었고, 그들의 근검이나 성실로 이룬 부의 형성과정을 인민들의 노동력을 착취하여 이루었다고 한다. 그리하여 주권상실기의 부호나 자본가들을 거의 친일파로 매도하고 있다.

한 예로서 인촌 김성수(金性洙)선생이 인수, 경영한 고려대학교의 일부 학생들마저도 인촌을 한 때는 친일파라고 몰아붙였으니 할 말을 잃고 말 수밖에 없다. 물론 인촌이 서기 1940년대 초 제2차 세계대전이 한창이던 중 조선총독부를 드나들었던 것도, 학도병 입대의 촉구를 발언 했던 경우도 부인할 수는 없다. 그러나 외형적으로 봐서 친일적인 행위가 있다 해도, 당시 불가항력적인 사회상황도 생각해야 할 것이다. 국내에서 민족교육·문화운동을 하면서 표면적으로까지 북간도에서 일제와 싸우던 적과 동지 격의 행위는 불가능했음은 상식적인 이야기일 것이다.

한 예로 인촌을 친일파라고 몰아부쳤던 일부 고대생들은 왜 다른 대학에 지원하지 않고 하필이면 그들의 말대로 친일파인 인촌선생이 인수, 경영하던 학교에 다녔는지 그 이유를 알 수가 없다. 그들의 학부형이나 조부모는 주권상실기에 얼마나 배일(排日)에 철저했고, 주권상실기 학교에 다니면서 신사(神社)에 참배하지도 않고 일제의 국가 부르지 않고 일본 교사에 얼마나 항거했는지 그걸 알고 싶다.

필자는 광복되던 해에 초등학교 1학년이었다. 아침 조회시간에 신사참배하던 일이 생각난다. 광복이 되어서는 미군을 따라다니며 초콜릿을 얻어먹었다. 6.25동란 중 서울의 돈암국민학교 6학년 때는 '박헌영 선생 노래' '김일성 장군 노래', 또는 빨치산 노래도 신나게 불렀다. 수복이 되어서는 "무찌르자 공산 오랑캐"의 노래를 또 신나게 불러댔다. 그러나 성장해서는 우리의 단군의 홍익인간(弘益人間)이념은 물론 자유민주주의에 대한 신념은 올곧게 신봉하고 있으며, 가지고 갈 수만 있다면 그 신념은 저승에 가면서까지도 가지고 가겠다. 그렇다면 필자의 정체성은 무엇인가! 좌파시각을 가진 자들에게 묻고 싶다.

한 특정인을 친일파라고 할 때는 그들의 적극적인 친일행위나 일제의 주요 정책의 결정에 참여한 자들의 반민족적 소행은 의당 비판의 대상이 되겠지만, 외면적으로 친일적인 행위가 있다 해서 당시의 시대적 상황인 불가항력적인 상황은 생각지도 않고 획일적으로 친일파로 논단하는 것은 삼가야 할 것이다.

한때 친일파라는 누명에 자유로울 수 없었던 호남의 한 부호들과 그들이 세웠던 민족사학 설립 또는 민족을 위한 교육활동을 소개하고자 한다. 그들이 바로 김성수, 장현식, 문재철, 현준호, 김종익과 홍종철, 강대직, 김재종 등을 비롯한 고창지역의 12인 부호들이 선도한 고창군민(高敞郡民)의 민족사학 설립 내지 지원이다.

제1절 춘강 고정주(春崗 高鼎柱, 서기 1863~1933년)의 영학숙(英學塾)·창흥의숙(昌興義塾) 설립

고정주(高鼎柱, 아호 春崗)[26]는 아버지 고제두(高濟斗)와 어머니인 전주 이씨 사이에서 전남 담양군 창평에서 태어났다. 그의 가계를 보면, 그는 제봉 고경명(霽峰 高敬命)의 11세손, 학봉 고인후(鶴峯 高因厚), 10세손으로, 그 후로는 이렇다 할 관직이 없었다. 그는 5세 때 백부인 감역(監役) 高濟承) 앞으로 양자로 들어갔다. 6세 때에는 양부로부터 학문을 배웠으며, 13세 때부터는 창평읍의 상월정(上月亭)에서 공부에 전념하였으며, 19세 때인 서기 1881년에는 한장석을, 서기 1883년에는 성대영을 찾아가 가르침을 받기도 했다.[27] 이후, 춘강의 상소문을 보면 유신환의 학문적 영향이 적지 않게 보인다.[28] 그 후 춘강은 서기 1885년 전시과에 합격하고, 서기 1891년에는 문과에 합격하였다. 동년 그의 동생인 고하주도 진사시에 합격하여 형제가 나란히 금의환양 하였다. 이후 그의 벼슬길은 손조롭게 이어갔다.

춘강의 관직 생활은 서기 1893년 승문원 부정자(副正字)로부터 시작되었으며, 그다음 해 승정원 주사로 입직당호에 이르렀다. 춘

---

[26] 유신환의 문인으로 성균관 대사성을 역임하였다. 그와 그의 문인들은 정치적 실천을 중시하여 정계 진출에 적극적이었으며, 실제로 상당수 인물이 중앙정계에서 활발한 활동을 하였다. 사상적으로는 경세학을 강조하고, 시무를 매우 중시하여 전정, 군정 등 삼정의 개혁, 청국과의 공동운명론에 입각한 국방 강화론을 주장하였다.
[27] 그의 생애에 대해서는 《春崗集》, 부록을 참조하였다.
[28] 고영진, '호남 애국계몽운동의 산실 영학숙, 고영주', 《나는 호남인이로소이다》 이종범 편, 사회문화원, 512~514면 참조.

강은 당시 고종으로부터도 관심을 끌었던 것 같다. 서기 1895년에는 고종이 직접 관심을 보이며 '고경명이 몇 대 선조인가?' 하고 물으며 선물을 하사하기도 했다고 한다. 서기 1896년에는 춘강은 친모친상을 당하고, 2년 후인 서기 1898년에는 종묘 제사 때 종묘 축관에 선출되었으며, 서기 1899년 4월에는 홍문관 시독을 역임하고, 그 해 4월에는 품계가 정6품 승훈랑에 올랐다. 그 무렵 나라의 상황은 어지러워 춘강은 내수외양을 강조한 상소를 올렸다.

서기 1900년과 그다음 해에는 양가의 모친상과 부친상을 연달아 당하였으며, 서기 1902년에는 자신의 장녀인 고광석을 당시 13세인 인촌 김성수와 결혼시켰다. 서기 1903년에는 차남 광준을 중국 유학을 보냈다. 이러한 점을 감안 한다면 춘강은 위정척사파의 사고방식과 같이 구시대에 집착하지 않았고, 당시 변화하는 시대의 조류를 뼈저리게 느끼고 그에 대응하기 위해서는 젊은 아들을 유학시키어 새로운 외국의 문물을 익혀야 한다는 개화적인 사상을 엿 볼 수 있다.

서기 1905년 홍문관 시독, 비서 감량, 예식원 상례 등을 역임하고 규장각 직각겸 황자전독에 임명 되었으며, 이어 비서감승이 되었다. 동년은 을사늑약이 일제의 강제적이고 불평등적으로 체결되어 당시 유림들은 그 폐기를 주장하는 상소가 잇달았다. 춘강도 역시 복궐상소를 올렸으나, 받아들여지지 않아 탄식하며 눈물을 흘리며 모든 관직을 박차고 고향인 창평으로 낙양 하였다. 당시 그의 나이 44세였다.

귀향한 춘강은 서기 1906년 인산터에 정자를 지어 '녹천정'이라 하고, 호남의 신교육운동에 힘 썼다.[29] 그리고 영학숙은 영어교사를 초빙하여 영어를 가르쳤다.[30] 서울에서 초빙되어 온 교사 이표(李瀌)는 영학숙의 숙장이자 교사로서 영어에 능통했을 뿐만 아니라 한학에도 조예가 깊었다고 한다.[31] 그는 신구학문을 겸비한 인물이었다. 이는 춘강의 '전고식금(傳古識今)'이라는 교육관과도 일치하였고, 따라서 이표는 춘강의 교육관을 실현시킬 수 있는 인물이었다.

그가 영어를 교육하기 시작한 것은 전술한 바 있듯이, 서기 1903년 그의 차남을 중국에 유학시킨 바 있으나 얼마 후에 귀국했는데, 그것은 아마도 언어 문제로 인하여 순탄하지 않았던 것에 기인한 것으로 추측된다. 이런 연유로 그는 적어도 외국어의 기초를 닦은 후에 유학을 보내야 한다는 점을 깨달았을 것이라는 것도 배제할 수 없다. 그리하여 그는 어려서 공부에 전념했던 상월정(上月亭)을 수리하여 영학숙(英學塾)을 열었으리라고 짐작된다.

그러나 서기 1907년 춘강은 다시 상경하여 그의 사돈인 김경중(사위인 김성수의 부친)과 함께 '호남학회(湖南學會)' 발기인으로 참여하여 초대 회장에 선출되어 활약하기도 했으나, 낙양하여 신교육에 매진하게 되었다. 이러하게 된 것은 서울에서 관직생활을 하며 구학으로는 난국을 피할 수 없다는 것을 인식하고 신교육

---

29) 영학숙과 창흥학숙의 관계는 분명치 않다. 다만 창흥학숙은 일반인을 대상으로 하고, 영학숙은 그보다 일찍 자신의 인근 지기(知己)들의 신교육을 위한 것으로 이해된다.
30) 인촌기념회편, 《仁村 金性洙傳》, 1976, 49~50면.
31) 고하 송진우선생 전기편찬회, 《고하송진우선생전》, 동아일보사, 1965, 28면.

을 수용해야 한다고 인식했기 때문이다. 그리하여 춘강은 지역 유지들과 힘을 합하여 학교를 설립한 듯하다. 서기 1907년 후반에는 서기 1908년 초 사이에 창흥의숙(昌興義塾)[32]을 열어. 동 의숙의 교사(校舍)는 그 전의 창평현(昌平縣)의 객사를 수리하여 사용하였다. 동 의숙에는 향리의 젊은 청년들에게 한문은 물론 국사, 영어, 산술 등 당시로서는 신학문을 가르쳤다.

춘강의 연보에서 보듯, 그는 "후학에게 신학문을 권하고, 나아가게 했는데, 영재를 기르는 것을 자신의 임무로 삼았다"고 한다. 그는 학생들에게 늘 말하기를 "구태의연한 선비가 되지 말라. 모름지기 고금과 사리에 통달하여 시무(時務)를 훈련한 연후에야 현재에 쓸만한 그릇이 된다"고 하였다.

춘강은 창흥의숙에 재정적 지원을 아끼지 않았고, 이러한 지원 속에서 발전을 거듭하여 훌륭한 인재를 배출하는 산실이 되었다. 특히 장흥고씨. 전주 이씨, 함양 박씨, 김해 김씨 가문에서 신학문 교육에 적극 참여함으로써 수많은 인물이 양성되었다.[33] 그리하여

---

[32] 창흥의숙으로 시작하였다가 본격적인 교육기관으로 변화시키기 위하여 '흥창학교' 교명을 바꾸었다.
[33] 이재의, '호남 근대교육의 선구자'. 《藝鄕》 3월호, 광주일보, 1993, 100면.
예컨대 장흥 고씨 집안은 고재천(전 전남대 농대 학장), 고재필(전 보사부 장관)의 형제, 고재욱(전 동일보사장), 고재호(전 대법관), 고재청(전 국회부의장), 고재구(전 서강전문대 학장), 고재종(전 전남교육감), 고정석(전 산업은행장), 고광표(대창주식회사 회장) 등, 전주 이씨의 경우로는 이 혁(전 전남대 문리대 학장), 이진기(전 전남대 의대학장), 이승기(전 서울공대 학장, 우리나라 최초의 나이론 개발, 월북), 이한기(전 서울대 교수, 전 국무총리) 등, 김해 김씨의 경우로는 국회의원을 지낸 김홍룡,김문용, 김성룡의 형제들, 함양박씨로는 박석윤(동경제대졸, 외교관, 우리나라에 최초로 야구 소개), 김석기(동경제대졸, 일제에 맞선 국악인), 박영종(전 국회의원), 박승규(전 국회의원) 등을 들 수 있다.

창평에서 배출된 인재들이 주권상실기와 광복을 전후한 시기 괄목할만한 업적을 남기게 되었다.

먼저 영학숙을 거쳐 간 이들 중 인촌 김성수는 춘강의 서랑(사위)로서 어렸을 적부터 창평에서 자랐을 뿐만 아니라 공부시키기 위해 일부러 불러들였다.

서기 1906년 늦봄에 영학숙을 찾은 고하 송진우는 서기 1890년 담양의 유복한 가정에서 태어났다. 그는 위정척사 계열의 선비인 성재 기삼연(省齋 奇參衍;장성 출신, 의병장)에게서 이미 한학을 배우면서 애국정신을 길렀다고 한다. 송진우의 아호를 '고하(古下)'라고 지어 준 것도 그의 스승 기삼연이었다. 고하의 아버지 송훈(宋壎;담양학교 세움)로부터 주권을 회복하기 위해서는 신학문을 배워야 한다는 말을 듣고 감명받았다고 한다. 그러던 중 영학숙에 입학한 것이다.

호남은행의 설립자인 무송 현준호(無松 玄俊鎬)도 그 무렵 고향인 영암에서 영학숙에 관한 소식을 듣고 창평을 찾았다. 여기서 1년간(서기 1906. 6~1907. 3) 수학한 후 휘문의숙에 입학하였다. 무송의 부친 현기봉은 대지주로서 개화사상에 동조하였다. 무송은 영학숙에서 맺은 인연으로 부인을 창평사람으로 맞아들였으며, 평생 인촌 김성수를 돕거나 도움을 받아 가면서 교분을 쌓아갔다.

다음으로 창흥의숙을 거쳐간 인물로는 가인 김병로(街人 金炳魯; 전 초대 대법원장)이다. 그는 만 21세의 청년으로 동 의숙의 고등과 즉 6개월 속성과에 입학했다. 가인은 그로부터 20여년 뒤 춘강의 손녀를 큰 며느리로, 그리고 교감이었던 이병성의 딸을 둘째 며느리로 맞아 이들과 사돈을 맺기도 했다.[34]

위에서도 인식할 수 있듯이, 영의숙과 창흥의숙이 있던 창평은 걸출한 인재를 양성한 전남지역의 인재 양성의 요람으로서 명성을 날리게 되었다. 위에 예시한 인촌 김성수, 고하 송진우, 무송 현준호, 가인 김병로 등은 춘강의 문하생으로 그들은 창평에서 애국계몽운동의 사상적 영향을 체득하면서 성장의 계기를 맞이하였다. 실제로 가인은 인촌보다 3살, 고하와 무송은 2살 위였으나, 그들은 창평의 어린시절 이후부터 각별한 사이가 되었다. 그들은 창평시절 이후 거의 예외 없이 일본에의 유학길에 나섰고, 유학시절 중에도 비슷한 사상적 경향을 보이면서 유학생의 모임을 주도해 갔다.

창흥의숙은 그후 창평보통학교로 점차 발전해 갔던바, 동교는 설립의지에 어긋나지 않게 전국의 지방학교로서는 보기 드물게 쟁쟁한 인재를 배출하였다.

영학숙과 창흥의숙은 당시 타지방의 설립 학교와는 성격이 달랐다. 타지방은 양반 유생이 신식 학교를 세운 적이 없지만, 다만 제1장에서 보듯 일유재 장태수가 세운 전북 금구의 사립 신명학교와 그 성격을 같이 하였다.

우리는 이상에서 인식할 수 있듯이, 주권침해기 교육구국운동 차

---
34) 김학준,《가인 김병로평전》, 민음사, 1988, 43면.

원에서 시작된 영학숙과 창흥의숙은 춘강 고정주의 기대에 부흥했던 것이다. 당시 호남에서 설립된 수십여 개교 근대사학에서 동 영학숙과 창흥의숙은 가장 많은 걸출한 인재를 배양했다는 점에서 그러하다. 요컨대 영학숙이나 창흥의숙의 교육적 시설은 보잘 것 없었으나, 춘강의 구학을 바탕으로하고 그 위에 신학문을 조화시킨 이른바 '전고식금(傳古識今)'을 강조한 그의 교육관이 반영 됨으로써 걸출한 민족의 동량을 배출하였던 것이다.

제2절 인촌 김성수(仁村 金性洙, 서기 1891~1955년)[35]의 중앙학교 · 보성전문 인수 · 경영

인촌 김성수가 생존했던 시기만큼 민족의 격동기도 없었을 것이다. 그는 스스로도 '온건한 민족주의자'라고 자처하고 있지만, 그는 주권상실기인 일제강점기에는 문화적 민족운동에 헌신하여 일제 침략주의와 싸웠다.

김성수의 호는 인촌(仁村서), 본관은 울산(蔚山)이다. 그는 서기 1891년(고종 28년) 10월 21일(음력 9월 9일), 전북 고창군 부안면 봉암리 인촌(仁村)마을에서 태어났다. 그의 아호가 '인촌'인 것은 그의 마을 이름에 따른 것이다.

인촌은 호남의 성리학을 형성케 한 하서(河西) 김인후(金麟厚)의 13대손이다. 그의 가계에 대하여 깊이 논하는 것은 여기서 우리의 관심사가 아니다. 다만 인촌의 태생이 인촌(仁村)이라는 것을 설명하기 위해서는 부득이 그의 조부를 거론하지 않을 수 없을 것 같다.

인촌의 조부인 김요협(金堯俠 : 서기1740~1818)은 전남 장성군 북이면에서 살았으나, 인촌마을로 이사 온 것은 180여 년 전으로 전해지고 있다. 그는 남달리 비범할 뿐만 아니라 지 · 덕을 겸비한 선비였다고 한다. 그가 인촌으로 이사해 온 것은 바로 그의 처가인 연일정씨의 본토였기 때문이다. 고창에서의 인촌의 가정 배경을 이룬 것은 이로부터 시작된다. 김요협은 원래 덕인인데다가, 그의

---
35) 김경식, 고창의 전통과 생활사(비매품), 고창군청, 2004, 288~293면 참조.

출중한 학문은 당시 전라관아에 까지 알려져, 현감이 조정에 상소하여, 마침내 '진안군수(鎭安郡守)'라는 어명을 받아 관직에 오르게 되었고, 이로써 그의 관직 생활도 열리게 되었다. 평소 검소·청렴과 강직을 그의 생활신조였던바, 국록을 받아 본가에 보내 토지를 사게 했고, 매년 매토하여 그가 벼슬을 버리고 낙향할 무렵의 말년에는, 이미 수천 석을 헤아리는 부자로 성장하였다. 그러나 요협의 일가가 대부호로서 터전을 쌓은 것은 그 아들인 기중(祺中)과 경중(暻中)의 형제 때부터였으니, 이들은 선대의 유산을 양분하여, 그 유산을 알뜰히 가꾸어 경중은 1만석, 기중은 6·7만 석의 부호를 이루었다. 이러한 집안의 경제적 배경이 훗날 인촌과 그의 동생 수당 김연수의 사업토대가 되었다. 이러한 호남의 거부에 대하여 사회주의나 사회주의적 사고를 갖거나 경박한 자들은 인촌 일가를 착취계급 또는 일제에 아부하여 치부했다고 할 것이다. 그러나 인촌의 조부 이래 그들은 근검·절약으로 돈을 모은 분들이지, 정도(正道)를 벗어나서 치부한 가정이 아니다. 오히려 우리는 인촌의 가계에서 치가(治家)의 법을 배워야 할 것이다.

　인촌은 서당에서 수학하다가 근대적 학문에 접한 것은 그의 나이 열여섯 되던 해인 서기1906년, 그의 장인 고정주가 세운 영학숙(英學塾)에 들어가 영어, 일어, 산수 등 신학문을 접하게 될 때부터였다. 그러나 다음 해인 1907년 내소사(來蘇寺) 청년암(靑年庵)에 들어가 면학을 계속하였다. 그는 여기에서 고하 송진우(古下 宋鎭宇)와 새로 알게 된 근촌 백관수(芹村 白寬洙) 등과 면학하며, 당시 민족의 위기에 처한 상황하에서 장래를 걱정하며 입지(立志)의 큰 뜻을 키워 나갔다. 여기에서 다시 인촌은 근촌과 더불어 당시 군산에 있던 금호학교(錦湖學校)에서 국어, 역사, 지리, 화학 등 신학문을 본격적으로 배웠으나, 서기1908년 10월 동경유학의 길에 올랐다.

인촌의 일본의 동경(東京)유학은 동경의 금성(錦城)중학 5년에 편입해서 서기1910년 조도전(早稻田)대학의 입학으로 이어졌으니, 학문, 민족주의의 민족사상이 모두 여기에서 싹텄다. 인촌이 평생 지기지우(知己之友)로서 민족을 이야기하며 민족을 위하여 힘을 다했던 동지들 설산 장덕수(雪山 張德秀), 고하 송진우(古下 宋鎭禹), 현상윤(玄相允), 최두선(崔斗善), 양원모(梁源模), 박용희(朴用喜), 김준연(金俊淵), 이강연(李康淵), 조만식(曺晩植), 김병로(金炳魯), 정노식(鄭魯湜), 김도연(金度演), 유억겸(俞億兼), 김우영(金宇英), 홍명희(洪命喜) 등의 인사들은 바로 동경 유학생활에서 만났던 동지들이었다.

인촌이 동경유학 시절 본가로부터 가져다 쓴 돈은, 그 당시 서민들은 10원짜리 한 장 제대로 구경할 수 없었던 때에 2,3백 원을 썼다고 한다. 그는 자신 중류 이하의 하숙을 하면서 가난한 동포의 유학생들에게 또는 애국 운동하는 자금으로 쓰였다고 한다. 이렇듯 그의 조도전 대학 재학시절 키웠던 민족애와 그 당시 만났던 상술한 동지들은 훗날 그가 민족운동을 하는데 정신적, 인적 환경을 조성해 주었다 할 것이다.

인촌이 동경유학을 마치고 귀국한 것은 서기 1914년 7월, 그의 나이 24세였다. 이후 인촌이 공인(公人)으로서 첫 출발하게 된 것은 민족의 자각을 위한 민족교육사업이었다. 당시 국내 사정을 보면, 일제의 무단정치에 의하여 민족사학, 기독교계 사학의 경영난이 날로 심해갔다. 이러한 배경하에서 인촌은 근대 민족사학으로서 서기 1910년 개교했던 중앙학교를 인수함으로써 민족교육사업의 문을 열었다.

　동 중앙학교는 기호흥학회(畿湖興學會),[36] 흥사단(興士團), 관동학회(關東學會),[37] 호남학회(湖南學會),[38] 교남교육회(嶠南教育會)[39] 등이 통합하여 교육구국을 부르짖던 우국지사들의 심혈이

---

36) 기호흥학회는 서기 1908년 1월 19일 서대문 밖 천연정(天然亭)에 있는 보성소학교(普成小學校)내에서 이우규(李禹珪), 이재익(李載益), 정영택(鄭永澤) 등의 발의로 서울·경기·충청도를 중심으로 한 인사들이 모여 창립총회를 개최하고 회장에 이용직(李容直)을 선출하였다. 본 학회는 서울·경기·충청도에 흥학(興學)을 목적으로 하였다. 그리고 이러한 목적을 관철하기 위하여 학업을 장려하며 회보(會報)를 간청하여 일반인사의 증식을 주입하며 경기도 및 충청남북 각 군에 교육을 발전케 한다고 하였다. 기호 흥학회는 유길준과 제휴하여 교육을 진흥하고 민의를 개발하며 민족의 권력을 배양하는 것이 국가의 장래에 유일한 활로임을 고취하고자 서기 1907년 11월 29일 전국 유지인사를 규합하여 조직된 것으로 같은 이름의 단체인 서기 1913년 안창호가 미국 로스안젤리스에서 조직한 서기 1906년 국내에서 조직된 신민회(新民會)의 후신과는 다르다. 中央中高等學校 中央校友會, 中央八十年史, 1993, 22~23면 참조.
37) 관동학회는 서기 1908년 3월 15일 강원도 인사가 서울 대안동(大安洞)에 있는 대동기숙관(大東寄宿館)에 모여 학회 발기인대회를 개최하고 동년 4월 6일 정기총회를 열고 설립하였다. 회장은 남궁억(南宮檍).
38) 호남학회는 서기 1907년 7월 6일 전라도 인사를 중심으로 대동문우회관(大東文友會館)에서 112인이 참석 성립시키고 회장이 강화(姜曄)가 선출되었다.
39) 교남교육회는 서기 1908년 3월 15일 경상도 인사를 중심으로 145명이 창립총회를 보성학교 내에서 개최하여 성립, 회장이 이하영(李夏榮), 서기 1909년 4월 25일에 「嶠南教育會雜誌(교남교육회잡지)」를 월보로 발간 12호까지 냈다.

어린 학교였다.

우리는 인촌이 인수·재건하기 전의 중앙학교와 그 설립 모체에 대하여 인식할 필요가 있다.

서기 1910년 11월 22일 기호흥학회는 앞에서 지적한 학회에서 경희학교(慶熙學校)[40]의 설립에 동참 참여했던 호남학회, 관동학회, 교남학회(嶠南學會) 등 세 학회와 통합하여, '중앙학회(中央學會)'라 개칭하여, 새로운 학회로 발족하고 회장으로 김윤식(金允植)을 추대하고, 후에 조중응(趙重應)을 선임하였다. 이에 따라 교명(校名)을 사립중앙학교(私立中央學校)로 개칭하였던바, 실로 전국을 총망라한 우국지사(憂國之士)의 심혈이 어린 전무후무한 민립학교(民立學校)라 하겠다.

학교는 설립되었으나 교실의 부족과 교정(校庭)의 협소로 인하여, 많은 학생을 수용하기 어려웠고 교직원의 급여조차 제 때에 지급하지 못하는 형편이어서, 중앙학회에서는 본교를 유지하기에 곤란한 처지에 놓이게 되었다. 그러나 이러한 환경과 분위기에서도 애교심과 사제(師弟)의 정, 동창의 의(義)는 더욱 두터웠으니, 서기 1913년 11월 7일 '중앙학교 유지총회'를 열어 회장에 유길준(俞吉濬)을 선임하고, 이상재(李商在), 유성준(俞星濬), 박승봉(朴勝鳳), 이우규(李禹珪) 등을 중심으로 인계자를 물색하게 되었다. 이러던 중 이를 개탄한 인촌은 본교의 경영을 결심하고, 서기

---

[40] 서기 1908년 12월 1일 흥사단을 모체로 하여 유길준이 사재를 털어 설립하였다. 동 학교의 설립에는 호남·교남·관동학회가 동참 합류하였다.

1915년 4월 27일 중앙학회로부터 본교 경영의 인수절차를 마치었으니, 이때 그의 양부(養父) 김기중(金祺中), 생부(生父) 김경중(金暻中) 형제가 학교 설립자로 되었다.[41]

　인촌의 양부, 생부인 김기중, 김경중 형제는 육영(育英)에 뜻을 두어 향리 줄포(茁浦)에서 사립영신학교(私立永新學校, 현 줄포남초등학교)를 설립한 터였고, 인촌이 일본 조도전대학(早稻田大學) 졸업할 때, 두 형제는 일본에 유역(游歷)하여 각 방면의 문물을 시찰하던 중, 특히 조도전대학과 경응대학(慶應大學)의 성관(成觀)임을 보고 감동된 바 컸었다. 그리하여 귀국하는 길에 백산학교(白山學校)라는 중등교육기관을 설립코자 하였으나, 당시 일제가 인가하여 주지 않아 고민 중이었다.[42] 마침 중앙학교가 유지곤란으로 폐교의 위기에 빠지자 인촌은 이를 인수경영하기로 결심하게 되었고 양부, 생부는 자제의 열의에 움직여 흔연히 이를 승낙하였으며 학교경영은 인촌이 전담하게 되었으니 이와 같은 인촌 가문의 성의로 마침내 중앙학원은 반석에 놓이게 되었다.

　동년 5월 4일 교장대리 남궁훈(南宮薰)이 사임하고, 유근(柳瑾)이 교장으로 취임하였으며, 동년 11월 20일 조선총독부 고등보통학교령(高等普通學敎令)에 의거 학칙변경으로 수업연한을 4년으로 하였다. 서기 1917년 3월 30일 인촌이 교장으로 취임하여, 그의 양부의 기부로 동년 6월에 현재 중앙중의 위치인 서울 종로구

---

41) 中央中高等學校 中央校友會, 같은 책, 30면.
42) 「仁村金性洙, 인촌 김성수의 사상과 일화」東亞日報社刊, 1985, '교육구국운동' 참조.

계동(桂洞) 1번지 소재 노백린(盧伯麟 : 뒤에 상해 임정 군무총장)의 사가(舍家)를 포함한 기지(基地) 4,311평을 매입하였으며, 여기에 구본관 신축에 착공하여 동년 11월 20일 건평 120여 평의 연와(煉瓦) 2층 1동 및 부속건물을 낙성하고 동년 12월 1일 이전하였으며, 그 당시에 이미 9대의 교장과 8회 졸업생 연인원 318명을 배출하였다.[43]

인촌은 처음에 1개 교사로 있으면서 송진우(宋鎭禹)를 비롯 현상윤(玄相允), 최두선(崔斗善) 등 일본 유학생 중 쟁쟁했던 청년 교사를 초빙했다. 그 뒤 서기 1918년 3월 30일 교장은 송진우에게 인계되어, 그가 재임하던 중 중앙학교 숙직실을 근거지로 독립운동을 펼 조직방책을 꾸며서 그 뜻이 3·1독립운동으로 결실되었다.

한편 인촌은 서기1919년 10월에 민족의 산업을 일으키는 바탕으로 경성방직주식회사를 세웠으며, 서기1920년 4월 동아일보사를 창립하였다. 그리하여 동아일보를 통해 서기 1922년에는 물산장려운동을 폈다.

인촌은 중앙중학교가 어느 정도의 궤도에 오르자 다시 민립대학의 설립 추진에 참여하였다. 일제에 의한 주권상실기에 접어든지 10년, 본장 제 4절에서 이미 인식한 바지만 당시 한민족은 서기 1920년대에 들어서서는 민족의 손에 의해 대학을 설립하고자 한 최초의 운동이 바로 민립대학(民立大學)설립운동이었다. 이것은

---

43) 中央中高等學校 中央校友會, 같은 책, 31면.

주권침해기(이른바 통감부시대)로부터 한민족의 끈질기게 내적으로 성장해 온 교육구국의 발로였다.

민립대학 설립운동으로부터 10년 후인 1932년 당시 한민족의 개인이 설립한 사학으로서는 최초의 고등교육기관이었던 보성전문학교를 인수함으로써, 결국 인촌의 꿈은 실현되었고 이것이 오늘의 명문 사학 고려대학교의 전신이다.

우리는 인촌이 인수하기 전까지의 보성전문에 대하여 개략적이나마 인식할 필요가 있다. 보성전문학교(普成專門學校)는 구한말 대신 이용익(李容翊 : 서기 1854~1907)[44]이 서기 1905년 4월 설립하였다.[45] 설립 당시 정치적 상황은 일제가 조선을 보호국으로, 더 나아가 식민지로 만들려는 의도가 노골화되면서 국운(國運)이 커다란 위기에 직면해 있었던 상황이었다. 따라서 이미 고종이 서기 1895년 '입국조서(立國詔書)'에서 주장했듯이, 당시 한민족에게는 외세에 극복할 수 있는 근대적 지식과 실력을 갖춘 인재를 양성하는 것이 무엇보다도 시급한 과제로 대두되던 때였다.

---

44) 고종 때의 대신. 임오군란 때에 명성황후의 장호원(長湖院) 피난을 계기로 명성황후와 국왕과의 연락을 잘한 공로로 출세하게 되어 고종의 총애를 받았다. 서기 1888년(고종25) 남병사(南兵使)가 되었다가 민요를 맞아 파직되고 전남 영광군 신지도(新智島)에 유배되었다. 친로파의 거두로서 서기 1903년 러시아가 우리나라를 침략할 목적으로 압록강 어귀에 있는 용암포(龍岩浦)에 들어와 광대한 토지를 매수하고 집을 짓고 포대와 전선 등을 가설하는 등 영구시설을 하더니 마침내 조선정부에 정식적으로 조차권을 요구할 때 이를 승인하도록 적극활동하였다. 그 후 대장원경(大藏院卿)으로 재정권을 잡았으나 화폐를 남발한 혐의로 탄핵을 받았다. 심상훈(沈相薰) 내각때 군부대신, 탁지부 대신을 역임하고 한일의정서(韓日議定書)협정을 반대하여 일제의 미움을 받다가 일본세력이 미치자 지위가 점점 떨어져 블라디보스토크에 망명하여 그곳에서 암살되었다.

45) 皇城新聞, 1905年 4月 1日字 참조.

이용익(李容翊)의 보전설립구상은 서기 1904년 초 일제에 납치되어 있을 때 구체화되었다. 그는 러·일전쟁 발발에 즈음하여, 조선을 일본 편에 서도록 묶어 놓으려는 일본의 획책에 끝까지 반대하다가 서기 1904년 2월에 일제에 납치되어 갔다. 그는 일본에 납치되어 있던 10개월간 울분 속에서도 조선을 식민지로 만들려는 일본에 맞서기 위한 구체적 방안을 모색하였다. 그가 내린 결론은 국권회복을 위한 초석을 다지는 데는 무엇보다도 교육이 중요하다는 것을 인식하였다. 보성전문학교의 성립은 서기 1904년 12월 말 귀국한 이용익이 그의 구상을 즉시 실천에 옮긴 결과였다.

보성의 창립은 황실과 각별한 관계를 가지고 있다. 우선 '보성(普成)'이라는 교명은 고종이 친히 하사한 것이었다. 고종은 이용익으로부터 전문, 중학, 소학교의 설립계획을 듣고 매우 기뻐하면서 '普成(보성)'이라는 두 글자를 지어주었다고 한다.[46]

보성전문학교는 개교와 더불어 초대 교장에 신해영(申海永)[47]이 취임하고 그 밑에 교감 조제환(趙齊桓), 학감 정영택(鄭永澤)의 간부진용이 구성되었다. 동년 7월에는 학감이 박승혁(朴承爀)으로

---

46) 고종은 『論語』 顔淵篇에 나오는 "子曰 君子 成人之 不成人之惡 小人反是"를 들며 교명에서 '成'자를 취하였다. 柳光列 '普成論', 東方評論, 1932. 5月號, 2~3면, '普成 二字의 出處', 참고.
47) 신해영은 갑오경장 때 관비유학생으로 선발되어 4년간 일본 유학, 경제학을 전공한 인물이다. 그는 서기 1898년 박영효, 서재필을 대신(大臣) 후보로 선거한 사건에 연루되어 체포된 적도 있다. 보성교장으로 온 서기 1905년에도 탁지부참사관, 다음해에는 학부의 요직인 동 편집국장을 역임하면서 각종 교과서의 감수, 편찬, 서울에서 제1인자였다. 서기 1906년 7월에는 국민윤리 교본이며 애국적 수신교과서인 『倫理學敎科書(윤리학교과서; 권1~4)』를 냈으나 서기 1909년 통감부에 의해 금서목록(禁書目錄)에 들어갔다.

바뀌고 동년 9월에는 법과(法科) 야간부가 신설되어 야간교이던 한성법학교(漢城法學校)의 학생을 인계받았다.

보성전문학교 초기에는 법률학 전문과, 이재학전문과(理財學專門科) 그리고 야간부로서 법률학전문과 이재학 전문과가 있었다. 초창기 교수진을 보면 모두 관비 일본 유학생 출신으로 정부의 관직을 가진 채로 출강하였다.[48]

동교는 서울의 전동(磚洞; 현 종로구 수성동) 아어학교(俄語學敎)자리에서 서기 1905년 4월 1일 창립되었으며 첫 입학생은 100명이었다. 이 시기에는 보성소학·중학과 함께 사용했으나 그 다음해에 7월 이웃의 200평짜리 김교헌(金敎獻)의 한옥 저택을 매수하여 수리 확장했다. 서기 1907년 2월에는 제1회 졸업생으로 주야간 51명을 배출했다.[49]

그러나 일제의 무단정치기 10년은 민족사학 특히 보성의 역사에서 가장 어려운 시기였다. 당시 천도교의 손병희의 지원으로 어려움의 공간을 메꾸어 나갔다. 서기 1911년 1월부터 천도교는 보성전문의 새로운 경영자가 되어, 윤익선(尹益善; 법률학 전문과 1회 졸업생)에 교장으로 임명되었고, 서기 1914년 11월 30일에는 구 교사가 헐리고 목조 2층이 세워지기도 했다.

그러나 3·1운동 후 천도교 경영이 어려워지자, 전국에서 이 민간사학을 돕기 위한 구원의 손길이 모여 58명의 설립자 연명으로,

---

48) 高麗大學校年誌 編纂室, 高麗大學校 30年誌, 高麗大學校 出版部, 1975, 33~34면.
49) 高麗大學校年誌 編纂室, 같은 책, 17면.

서기 1921년 11월 28일 재단법인 설립신청서를 제출하여[50] 서기 1922년 4월 1일자로 '재단법인 사립보성전문학교'의 인가를 받았다.

인촌이 보성전문학교와 인연을 맺게 된 것은 위에 든 58명 속에 들어가면서부터였다. 재단은 설립되었으나 재단의 분규로 3명의 교장이 바뀌었고 재정난 역시 곤란의 연속이었다.

서기 1932년 3월 14일은 재단의 마지막 이사회(81回)가 송현동(松峴洞)교사에서 소집되었다. 거의 30년간 수많은 손을 거쳐 명맥을 유지해 온 보성전문의 일대 전기를 마련키 위해 이사들이 스스로 퇴진을 감수하는 결단을 내려야 할 비장한 순간이 박두했다. 출석 이사는 김병로(金炳魯), 주익균(朱益均), 이승우(李升雨), 박승빈(朴勝彬), 감사 김용무(金用茂)였다. 인촌은 이미 김병로를 통해 추수 5천석의 토지를 출연하여 보성전문을 인계 경영할 의사가 있음을 알린 것이다. 재단에 대해 인촌이 제시한 요망은,

1. 현 이사 감사는 총 사직할 것.
2. 후임 이사, 감사는 김성수가 선임한다.
3. 평의원회를 폐지하기 위해 기부 행위(定款)를 개정할 것.

등이다. 이 요망에 대해 이사회는 동년 3월 26일 평의원회를 열어 인촌의 제안을 상정할 것을 결정했다. 그리고 재단 측을 대표하여 김병로는 인촌에게 다음과 같은 희망사항을 전달했다.

---

50) 당시 재단법인 기성회는 주로 교강사진(校講師陣)을 중심으로 서상호(徐相灝), 이승우(李升雨), 서광설(徐光卨), 김병로(金炳魯) 등으로 구성되었다.

1. 현재 학교 직원의 지위 보장.
2. 보전의 교명을 바꾸지 말 것.
3. 교사의 신축을 급속히 실행할 것.

등이었다.[51] 재단 측은 교명 존속과 직원의 지위 확보만을 조건으로 내세우고 거의 자연 인계로 보전을 살려야 한다는 방향으로 의견이 모아진 것이다. 윤익선은 20여 년간 모교와 고락을 같이해 온 애교의 인사로서 이날을 당해 희한과 유감의 뜻을 표명했다고 한다. 지금까지 상당한 발언권을 행사하여 재단 분규의 요인이 된 평의원회의 폐지 안건에도 원만히 합의를 본 것이다. 지금까지 교사, 경영비 등을 기부한 천도교 측의 태도도 무조건 찬성이어서 훌륭했다.

 인촌으로서는 미리 민립대학의 독자적인 설립에 대비해 "漢陽專門學校(한양전문학교)"란 교명을 지어 놓았으나, 전문학교로 존속하는 한 보전(普專)의 교명을 고수하겠다고 확언했고, 광복 후 대학승격 때까지 그 약속을 지켰다.

 인촌의 보성전문 경영 인계는 온 사회의 축복과 기대 속에서 순조롭게 결정되었다. 곧 새 이사로 김성수(金性洙), 최두선(崔斗善), 김용무(金用茂) 3人이 선임되고, 감사로는 조동식(趙東植), 한기악(韓基岳)이 선임되었다. 이로써 인촌 김성수가 인계한 보성전문은 희망찬 앞날이 열리기 시작했다. 그러나 재단에 출연한 것은 인촌이 아니었다. 새 재단의 재원은 양부(金祺中)의 5백석(石)

---

51) 高麗大學校 70年誌 編纂室, 같은 책, 116면.

전답과 6천여 평의 대지 및 생부(金曉中)의 5천석(石) 전답의 기증을 받아 재단법인 중앙학원(中央學院)이 예치하는 형식으로 마련한 것이다. 인촌이 보성전문 인수를 주동하기는 했으나 출자한 것은 아니었다.

이외에도 당시 뜻있는 재산가들의 후원이 있었다는 것도 사실이다. 우선 후술하는 바 이지만 무안의 문재철(文在喆)도 보성전문이 어려울 때 보강 이사로 취임한 것을 지적할 수 있다. 그리고 그의 손자인 현 고려대교수인 문익수(文益洙)도 후술하는 바와 같이 어렸을 때 그의 부친으로부터 들어온 집안의 이야기라는 것을 전제하면서 그의 조부께서 인촌이 보성전문 인수 후 벼 6천석을 내놓았다고 증언하고 있다.[52] 역시 필자의 증조부(金在鍾 서기 1880~1938)[53]가 인촌이 보성전문을 인수 할 때와 동아일보 설립 때, 각각 벼 600석을 내놓았으며 당시 본가에 방문한 관계인이 증서를 남기려 했으나, 친교의 집안에서 좋은 일하는 데 그런 것은 필요 없다 하고 거절했다는 말을 어렸을 때부터, 집안에서 들어온 이야기이다. 전북 김제시 금구면 서도의 장현식이나 광주의 현준호의 경우도 그 액수는 모르겠으나 후원한 경우는 마찬가지였다. 이들은 인촌 가문과는 친교의 집안인 점이 공통점이다. 이로 보면 인촌이 보성전문의 인수나 동아일보 설립에 인촌 가문과 친교의 관계있는 인사의 재정적 후원이 있었다는 것은 부정할 수 없는 사

---

52) 서기 2008년 1월 어느 날 필자의 집을 방문했을 때 증언.
53) 전북 고창 출신. 송사(松沙) 기우만(奇宇萬)의 제자. 재산은 당시 3천석, 고창고보 설립시 초대 이사로 고창군 1천석 이상 12명과 같이 각각 1만원씩 출연.

실이라 할 것이다.

　보성전문학교를 인계하여 그 주무이사를 맡은 인촌의 학교에 대한 포부를 당시 동아일보는 아래와 같이 말하고 있다.

"동교(同校)의 신임 간사 김성수씨는 말하되, 무재한 사람으로서 중임을 맡게 되니 스스로 공구함을 느끼게 합니다. 포부라고 할는지 위선 학교의 기지(基地)를 작성하여야 할 것인데, 이 사업이 우리네의 1대에만 그칠 것이 아니요, 영구한 장래에 영원히 계속될 사업임으로 학교의 기지를 훨씬 넓게 잡아두어야 장래발전에 거리낌이 없을 것이외다.
　그 다음 전문교육은 다른 교육과 달라서 학생들을 잘 가르침은 물론이거니와 학자들을 배출케 하는 의미에서 선생들의 연구할 만한 기관을 만들고 또는 기회를 주도록 하여야 합니다.[54]

　이 말은 인촌이 보성전문학교에 대한 학교의 설계를 말한 것이다. 인촌은 동교를 인수함과 동시에 제10대 교장으로 취임하여, 보성 중흥의 기틀을 다져나가기 시작하였다. 먼저 인촌은 고양군 숭인면 안암리(현 고려대 캠퍼스 일대)의 62,000여 평의 부지를 중앙학원의 명의로 매입하였고, 다음 해 9월부터는 총 건평 1,114평의 석조 본관 3층 건물을 착공, 1년 만에 준공하고 이어 인촌의 교육관은 오직 교육을 통해서만이 독립 쟁취라는 정론을 귀일시키고, 거기에서 참다운 애국자와 앞으로의 조선 간선을 길러낸다는 보다 깊은 사명의식을 폈다. 바로 민족 지도자의 배출이었다 할 것이다. 그러기에 인촌은 이후 광복의 그날까지 약 2년간을 제외하

---

54) 東亞日報, 1932년 3월 29일자.

고는, 줄곧 보성 교장을 맡으면서 학교를 키우는 데 힘을 모았다. 2차대전 말엽 일제의 강압으로, 한 때 경성척식경제전문학교로 교명을 개명키도 했던 보성은 광복과 더불어 1945년 8월 15일자로 고려대학교로 새롭게 탄생하였다.

인촌은 보성전문학교 교장시절 봉급을 타는 일이 없었으며, 자기 친인척을 한 사람도 교직원에 채용한 적이 없었다고 한다. 이로 보면 요즈음 교육풍토와 얼마나 다른가. 요즈음 사립학교의 경우 재단의 친인척이 학교 내 요소요소에 진을 치고 있고 사학을 영리 기업화하는 풍경이 허다하지 않은가.

서기 1942년 일제는 최후의 발악을 하여 우리나라 학생들이 노상에서 가정에서 우리 말 쓰는 것을 금지하고 있었다. 중앙대 교수였던 김병철(金秉喆)은 그때의 인촌 김성수를 아래와 같이 회상하고 있다.

어느 날 학교에 나갔더니 전원 10시에 강당에 모이라는 게시가 교문에 붙어있었다. 불길한 예감이 들었다. 교장(김성수)이 동대문경찰서에 끌려가서 학생들이 우리 말을 한 죄로 시말서를 쓰고 왔다는 소문이 파다하게 퍼져있었다. 이제 모이라고 한 것도 그것 때문일 거라고 추측되었다. 아니나 다를까 전원이 모이자 인촌 선생이 단상에 올라 서툰 일본 말로 나라를 생각해서가 아니라, 자기를 위하여 의식적으로 일본 말을 쓰라고 강조하는 것이었다.

우리말을 사용하고 경찰서에 끌려가서 고문을 당하는 것은 애국심이 아니라 자기 학대 밖에는 되지 않으니 '의식적으로' 일본 말을 쓰라고 몇 번씩 '의식적'이란 말을 되풀이하여 역설하는 인촌 선생의 웅변(?)이 아직까지 잊혀지지 않는다.

일본 말을 썼다고 해서 일본인이 되는 것은 아니다. 일본 말을 쓸 때마다 "나는 조선 사람이다"라는 것을 의식적으로 자각하라고 역설했다. 정말 반항하여 싸울 때가 있을 테니 그때 가서 싸우자고, 일인교수가 셋이나 있는데 저 양반 어쩌자고 그런 말을 하는 것일까 하고 나는 아니 우리들은 정말 놀랐다. 한 10분 정도의 열변이었는데 웅변은 아니었지만 정말 웅변 같았다. 달변과 웅변은 다르다는 것을 이때 깨닫고는 인촌 선생이 단구이긴 하지만 청년을 이끄는 참다운 용기있는 교장이라고 느꼈다.

침묵은 웅변을 능가한다는 말을 조지 워싱턴을 평가해서 한 말인데, 최초의 국회가 열려 그를 종신 대통령으로 만장일치를 가결했을 때, 그가 항거한 한마 '여러분은 나를 왕으로 아시오?'라는 짧은 한마디 말은 오늘날까지 어떠한 웅변보다도 잘된 웅변으로 남고 있다는 것은 주지의 사실이다… 인촌 선생의 그때의 웅변을 생각할 때, 나는 언제나 조지 워싱턴이 이 고사(故事)가 생각나서 여기에 피력한 것이다.[55]

인촌은 조선민립대학 기성회에서 달성하지 못한 일을 보성전문학교에서 달성한 셈이 되었다. 다시 인촌은 서기1940년경에 초지(初志)를 관철하여 보성전문학교를 한국 초유의 민립대학으로 승격시킬 것을 추진했으나, 일제 총독부는 이를 허락지 않았다.[56]

인촌의 민족사업은 합법적 테두리 안에서 할 수 있는 성질의 것이어서 항시 언동에 조심해야 하였다. 온건한 민족주의자로 자처하고 있었지만, 그의 민족의식은 낭중지추(囊中之錐)였다. 경성방직에서 생산되는 최초의 제품에 태극성(太極星)이라는 상표를 붙이게 했고, 보성전문학교의 본관을 지을 때 그 후문 기둥에 태극의

---

55) 金秉喆, '仁村 金性洙', 廣場, 1989년 10월호, 257~258면.
56) 孫仁銖, 韓國近代敎育史, 서울 延世大學校出版部, 1971, 188면.

모양을 보일 듯 말듯하게 새겨 놓은 것 등은 그 일단이라고 할 것이다.

그는 여러 기업체의 주인이면서 끝끝내 창씨개명(創氏改名)을 거부했고, 일제가 주는 작위를 외면하고 받지 않았다. 그는 주권상실기인 일제 강점기를 합법과 저항 양면으로 민족주의를 살았고, 민족독립을 위하여 인재양성·산업진흥·민족언론 육성 등을 통하여 그가 유형무형으로 성취한 것만큼 민력(民力)을 배양한 예는 국내외를 막론하고 찾아보기 어렵다고 할 것이다.[57]

인촌은 민족사학 설립 외로 서기1919년 10월 5일 인촌에 의해 창립된 경성방직은 우리 민족의 손으로 세운 근대화된 첫 기업이라는 데 의미가 있음은, 물론, 민족자본을 모으기 위한 1인 1주 모집운동을 벌였다는 데 의의가 있을 것이다.

전국 각지를 순회하며 인촌은 민족자본의 형성을 위한 1인1주 매입의 참여를 역설하며 국산품의 애용과 일화(日貨)배척의 당위성을 역설했다. 이 운동은 큰 효과를 거두어, 당시 사채를 놓거나 토지 투기를 일삼던 소위 유휴 자금의 민족 산업을 위한 가동 자금으로의 흡수되었던 것이다.

주식 1주의 1회 불입금은 12원 50전 당시 백미 2가마에 상당했고 공모된 주만도 16,210주인 것을 감한한다면, 그 당시 민족의 참여도를 이해할 수 있을 것이다. 주의 매입자들도 이익배당을 바라기보다는 독립자금을 희사하는 마음으로 성금하였기 때문에 그

---

57) 張龍鶴, '金性洙' 韓國近代人物百人選, 新東亞, 1970년 1월호, 부록, 262면.

정성들이 후일 경성방직의 정신적 지주가 되기도 했다. 그러나 때마침 불어닥친 경제불황과 면화, 면사, 면포 등 3품(일종의 증권처럼 거래되었다)의 투자 실패로 자본금을 축냈다. 결국은 인촌이 양부를 설득하여 마지막 남은 땅문서를 은행에 저당, 8만원을 융자 받아 시설을 마칠 수가 있었다.

서기1923년 4월, 회사 창립 3년 반 만에, 경성방직 영등포 공장에서는 첫 제품으로 광목을 생산하고 상표로 '태극성' 표를 부착토록 했던 바, 이는 바로 태극기를 제품에 표시하여 자주독립정신을 고취하기 위한 배려에서였다.

회사의 운영이 정상적인 궤도에 오르자 인촌은 경성방직을 그의 동생 수당(秀堂)에게 일임하고, 자신은 취췌역의 일원으로서 제2선에 물러났다. 경성방직은 민족의 자본, 민족의 기술을 표방하면서 조선인만을 채용할 정도로 강열한 민족적 긍지를 보여줌으로써, 일제에 억압된 민족의 가슴에 보람을 심어주기도 하였다.

인촌은 중앙학교와 보성전문을 육성함으로써 민족교육의 둥지를 폈고 경성방직의 설립으로 민족산업의 기초를 다졌으며, 이에 더 나아가 동아일보의 창간으로 언론을 통하여 일제에 억눌린 민족의 자각을 깨우치려 했다. 서기1920년 4월 1일 창간한 동아일보는 그의 다음과 같은 창간사에서 인촌의 뜻을 잘 나타내고 있다.

조선 민중은 일대 악몽의 습(襲)한 바 되었도다. 그가 사람이라 어찌 사상과 희망이 있으리오, 그러나 능히 서(敍)하지 못하며 그가 또한 사회(社會)라 어찌 집합적 의사와 활력(活力)의 충동이 없었으리요. 그러나 능(能)히 달(達)하지 못하니 그가 또한 민족이라 어찌 고유한 문명의 특장(特長)과 생명의 미묘함이 없었으리오. 그러나 감히 부르짖고자 하되 개구(開口)하지 못하며 달음질하고자 하되 용신(用身)치 못하니……

이후 동아일보는 그 발자취가 그대로 이 민족의 일제에 대한 저항사요 수난사이며 이 나라 이 민족의 문화사이기도 했다. 동아일보는 창간 후 4회에 걸쳐 일제에 의한 무기정간 처분을 당했고, 끝내는 자신 폐간형식으로 문을 닫았다가 서기 1945년 12월 1일자 복간되어 오늘에 이르고 있다.

요컨대, 인촌은 중앙학교와 보성전문의 인수, 경영을 통해 민족교육을 실시했으며, 경성방직의 운영을 통해서는 민족자본의 중요성과 국산품 애용의 정신을 갖도록 했으며, 동아일보의 창립, 운영을 통해서는 민족언론의 견지 내지 사회적 민족계몽을 폈다 하겠다.

제3절 송재 장현식(松齋 張鉉植, 서기 1896～1950, 6.25동란 납북)의 민족교육의 지원[58]

송재 장현식(松齋 張鉉植)은 전북 김제시 금구면 서도리 출신이다. 송재는 인동장씨로 아버지 석규(奭圭)공과 어머니 울산김씨 사이에서 독자로 태어났다. 그는 시조인 금용(金用)공의 30대 손으로, 중세에 19대조인 여말(麗末) 두문동(杜門洞)72현(賢)의 한 사람인 송은 안세(松隱 安世)공과, 조선조에 들어와 전라도 진안(鎭安)현감을 지낸 뒤 서도리에 세거지지(世居之地)로 정한 진안공(鎭安公) 기건(紀乾)공의 17대손으로 이어지고 있다. 본서 제1장 2절에서 기술한 일유재 장태수(一逌齋)공은 송재의 종증조부이다.

이러듯 송재는 서도리 대대로 내려오는 장씨가문의 종손이었다. 그의 종증조부인 일유재 조차 15세의 어린 종손 송재에게 맹자(孟子)의 말씀을 인용해 '군자(君子)의 세 가지 즐거움(君子三樂)' 중 세 번째 즐거움인 "하늘을 우러러보아, 땅을 굽어보아 부끄럽지 않게 살라"[59]고 훈도였으니, 집안 종손에 대한 애듯한 사랑을 눈여겨 볼 수 있다. 송재 또한 어린 나이지만 종손의 몸으로 종증조부 일유재의 24일간 단식으로 순국하시던 그 장엄하고, 그 처절하고, 그 한(恨)이 어리던 그 현장을 지켜보면서 항일독립의 유지(遺

---

58) 서기 2019년 현대 유가(儒家)를 대표하는 서예가 강암 송성용 선생의 아들인 전북도 사 송하진(宋河珍)이 찬(撰)한 송재 장현식(松齋 張鉉植) 선생 공적 기념 비문'으로서, 동 비문은 동아일보 논설위원과 제15·16대 국회의원을 역임한 외우(畏友) 장성원(張誠源) 소설가가 제공한 것임.
59) 《孟子》下, '盡心章'上, "仰不愧於天, 俯不怍人 二樂也"

志)를 이어 받기로 결심하였으니, 이 어찌 큰 집안 종손의 소임이 아니겠으며, 이 어찌 이 땅에 태어난 민족의 일원으로서의 소임이 아니겠는가? 조국의 항일 민족을 위한 대사에 몸소 투신한 송재의 선혈 속에 그 어찌 항일 민족의 선각자 일유재의 그 장열한 순국의 정신이 흐르지 않았겠는가?

송재는 살아생전 늘 하신 말씀이었지만, 서기 1945년 광복되던 8월 다음 달인 9월 25일 조선어학회 임시총회석상에서도 다음과 같은 그 말씀을 하셨다. 그 자리는 서기 1942년 조선어학회사건으로 중단되었던 어학회 사업과 회계를 정리, 보고하고 함께 옥고를 치렀던 동지들이 정담을 나누면서 회포를 풀자는 자리였다.

우리의 힘을 길러야겠습니다. 교육의 힘, 산업의 힘, 과학기술의 힘, 그리고 무엇보다도 나라를 자기 힘으로 지킬 수 있는 국방과 무기의 힘을 기르지 않으면 안 됩니다.[60]

위와 같은 송재의 말씀은 그가 납북된 74년이 지난 오늘날 무한 경쟁의 국제상황에서도 우리의 과제를 제시하고 있지 않은가?

필자 개인적으로는 송재 그 어른은 누구보다도 퍽 마음에 와닿는다. 송재 그 어른은 내 외조부인 월담 김재석(月潭 金載石:서기 1895~1971)[61]선생과는 세교지우(世交之友)임은 물론 둘째 대고

---

60) 장성원 장편소설, 《풍상(風霜)》, 문예바다, 2023. 5. 240면.
61) 하서 김인후(河西 金麟厚) 선생의 5대손인 자연당 김시서(自然堂 金時瑞;서기 1652~1702) 선생의 11대 종손임, 유학자로 간재(艮齋)의 제자, 저서에 《月潭遺稿》가 있음.

모부이신 장도규(張燾圭;일유재 선생 종손)공의 큰댁 종손이기에 더욱 그렇다. 이러한 처지에 있는 필자가 졸저에서, 한정적으로 송재의 민족교육 지원을 위한 행적을 기술하기보다는 차라리 '송재 장현식 선생 공적기념비문' 앞에서 경건(敬虔)한 마음으로 독자 여러분에게 그 비문을 읽어 드리며, 다 같이 송재의 행적을 통합적으로 살피는 그것이 훨씬 더 좋지 않을까? 다음과 같이 그 비문의 전문을 기재한다.

송재 장현식(松齋 張鉉植) 선생 공적기념비

송재 선생은 호남 유수한 명문 종가의 준수한 종손이셨습니다. 만석꾼의 재산을 일가의 부귀영화를 위해 쓰지 않고, 일제치하 항일독립운동을 위해 사재를 아낌없이 쾌척하신 애국지사이셨습니다. 나라의 독립을 위해서는 교육과 언론이 더없이 소중하다는 소심으로 육영사업과 언론기관 설립에 앞장선 독지가이셨습니다.

망국의 비운 속에서도 우리 말을 수호해야 한다는 신념으로, 모진 고문과 옥고를 불사하고 우리말 지키기 운동에 적극 가담한 투철한 민족주의자이셨습니다. 해방 이후 정부수립 초창기에는 제2대 전북지사로서 도정의 기초와 기틀을 다지는 데 헌신하셨습니다. 그러나 애석하게도 6·25동란 중 납북된 후, 평양 근교 애국열사릉 묘소에 영면해 계십니다. 여기 우리 전북 도민들의 뜻을 모아 선생의 생가 터에 기념비를 세워 선생의 공적을 오래 오래 기리고저 합니다.

선생은 이곳 김제시 금구면 서도리에서 1896년 9월 17일 아버지 인동 장 씨 석규(奭圭) 공과 어머니 울산 김 씨의 독자로 태어나셨습니다. 인동 장 씨 시조 금용(金用) 공의 30대 손이요, 여말(麗末) 두문동 72현(賢)

중의 한 분인 송은 안세(松隱 安世) 공의 19대 손입니다. 조선조에 들어서 진안 현감을 지낸 뒤 이곳 서도리를 세거지지로 정한 중조 진안 공(휘 기건 紀乾)의 17대 손입니다. 당내 일가의 전답이 3만석 가까이 되는 융성한 집안의 종손이셨습니다. 경술국치에 항거, 24일간 단식 끝에 순국하신 일유재 태수(一逌齋 泰秀) 공의 종증손입니다.

시종원 부경으로 고종을 최측근에서 모셨던 일유재 공은 장성하는 송재 선생에게 "하늘을 우러러보아, 땅을 굽어보아 부끄럽지 않게 살도록" 훈도하셨다고 합니다. 15세 청소년 송재 선생을 각별히 사랑하신 종증조부께서 단식 순국하시는 현장을 지켜보면서, 항일독립의 유지를 이어 받들기로 굳게 결심하셨을 것입니다. 충의(忠義) 정신이 송은 공으로부터 이어져 내려온 것입니다. 송재 선생이 송은 공과 일유재 공의 신주를 모시고 봉제사하기 위해 서도리에 서강사(西岡祠)를 지은 것도 조상의 충의 정신을 명심불망하고 현양하기 위한 것이었습니다.

1919년 3·1독립만세운동이 전국에서 거족적으로 전개되고 있을 때 시위운동을 지속적으로 추진하기 위해 그해 4월 지하조직인 조선민족대동단(大同團)이 결성되었습니다. 대동단의 창립에 23세의 송재 선생이 대담하게 3천 원이라는 거금을 후원했습니다. 이 3천원 가운데 1,500원은 대동단 운영에 쓰였고 나머지 1,500원은 중국 상해로 보내져 신규식(申圭植) 선생이 주관한 '독립'이라는 출판물의 발행에 쓰였다고 일본경찰의 신문 결과 밝혀졌습니다.

이 때문에 송재 선생은 1년 징역형을 살았습니다. 고종의 다섯째 아들 의친왕(義親王)을 상해로 망명시키려 했던 대동단의 기도도 의친왕이 중국으로 사는 도중 일본에 붙잡혀 수포로 돌아갔고 다수 단원이 투옥돼 결국 이 비밀결사는 해체되고 말았지만 대동단은 항일독립투쟁역사상 특기해야 할 전국적인 규모의 최대 조직이었습니다.

대동단의거로 옥고를 치른 송재 선생은 인촌 김성수(仁村 金性洙), 고하 송진우(古下 宋鎭禹) 선생 등과 가까이 교유하면서, 구국(救國)과 독립을 위해서는 나라의 인재를 양성하는 민족사학을 일으켜야 한다는 데 뜻을 같이 하고, 중앙고보(중앙고등학교 전신)[62]와 보성전문(고려대학교 전신) 경영에 인촌 버금가는 기금을 헌납합니다. 또한 1920년 전국, 각지 애국지사들의 발기로 '조선민족의 표현기관'으로서 동아일보가 창간될 때도 최상위로 설립자금을 내놓아 민족언론 발전에 크게 기여했습니다. 17년동안 동아일보 감사로 재직하였습니다.

선생의 독립운동 활동범위는 광범했습니다. 국어학자가 아니면서도 우리말을 지키려는 조선어학회 회원으로 가입했습니다. 조선어학회는 이윤재(李允宰), 이극로(李克魯), 이병기(李秉岐), 최현배(崔鉉培), 이희승(李熙昇) 등 당대 최고의 국어국문학자들 뿐 아니라, 안재홍(安在鴻), 김도연(金度演) 등 쟁쟁한 독립운동가들이 결집한 민족주의자들의 모임이었습니다. 1939년 한국어말살정책을 강화한 일제는 1942년 '우리 말 큰 사전' 편찬을 준비하던 조선어학회 회원 33명을 검거, 투옥했습니다. 어학회 운영자금을 앞장서 지원한 송재 선생도 수감돼 재판을 받았고 혓바닥에 대침을 맞는 극악무도한 고문을 당했습니다. 선생은 그 후 이 후유증으로 발음을 제대로 못하는 고통을 겪었습니다.

이렇듯 선생은 독립을 위한 일이라면 일신상의 안위를 생각하지 않고 과감하고 적극적으로 참여했고 거액을 흔쾌하게 내놓았습니다. 집안의 막대한 재산이 이렇게 쓰여 해방 후 토지개혁 때는 땅이 없었다고 대한민국임시정부 기념사업회장 김자동 선생은 회고했습니다. 일유재 선생의 건국훈장과 함께 우리 고장에 영원히 새겨질 충의정신의 상징입니다.

---

62) 서기 1921년 4월 1일 설립자 김기중, 김경중과 송재는 박용희와 더불어 설립자에 추가되어 4인의 교주로 중앙고보 공동 경영. 서기 1923년 10월 중앙고보의 동관(東館;연건평 196평의 2층 양옥, 공사비 3만원)을 신축, 기증함. 서기 1928년 2월 23일 7인의 이사중 1인으로 참여함.(중안100년사, 234면,237면 참조)

해방정국에서 선생은 인촌, 고하, 선생 등과 함께 한국민주당을 창당, 이승만(李承晩) 박사를 지지했고 대한민국정부 수립에 공헌했습니다. 선생께서 정치적 경륜을 크게 펴지 못하고 우리와 멀리 떨어져 북녘 땅에서 별세하신 것은 참으로 아쉽고 안타까운 일입니다.

울산 김씨와 결혼하신 선생은 4남 4녀를 두었습니다. 장남 홍(泓) 선생은 대대로 살아온 종가의 가옥을 전주시에 기증, 전주향교 인근에 원형을 살려 지방문화재로 보존되어 있습니다. 장손 두영(斗永)으로 이어지는 가문의 무궁한 발전을 기원합니다.

2019년 5월
전라북도 도지사 송하진(宋河珍) 근정

제4절 송원 문재철(松圓 文在喆, 서기 1883~1955)[63]과 사학 문태중학교 설립

19세기 말 목포개항(서기 1897) 이후 목포지방을 무대로 활동했던 염상(鹽商)에서 당대에 4만석의 대지주로 성장한 문재철은 전국에서도 알려진 호남지방 대부호의 한 사람이었다.

문재철(文在喆)은 전남 무안군(務安郡) 암태면(岩泰面) 수곡리(水谷里)에서 서기 1883년 12월 24일 남평 문씨(南平 文氏)의 후예로 조선조 말 중추원(中樞院) 참의(參議)를 역임한 바 있는 태현(泰炫)의 4남 1녀 중 장남으로 태어났으며 그의 아호는 송원(松園)이다.

남평 문씨 가문이 암태도에 처음 입도(入島)하여 수곡리에 살게 된 것은 적어도 18세기 초라고 추정되고 있다. 문씨 가문이 어떠한 연유로 이곳에 이주, 정착하였는지는 모르겠으나 이후 수곡리(水谷里)는 문씨의 동족 마을로 누대(累代)를 이어 존속하고 있다. 수곡리의 자연환경은 농사에 유리한 농촌임과 동시에 바다에 인접해 있는 데다가 간만의 차가 심한 리아스식 해안지대로서 무제(貿堤) 염전으로 제염업이 가능한 자연조건을 갖추고 있다. 문씨가문은 아마도 이러한 수곡리의 자연조건을 최대한 이용한 것 같다.

---

63) 광주일보. 1970년 4월 27일(월요일)자, 3면 '地閥', 글 朱命洙 참조.
정근식 외 3, 근현대의 형성과 지역 엘리트 (새길신서 40), 새길, 1995, 17~22면, 참조. 박천우, '문태학원의 설립배경', 문태학원 개교 50주년 기념 세미나, 1991, 5, 11. 발표집 5~11면.

문씨가문의 배경을 보면 암태도에서 농사와 제염에 종사하면서 면학(勉學)에 열심 하였다. 문씨 가문이 지주층으로 성장할 수 있는 기반을 이룩한 것은 문씨 입도조(入島祖)로부터 6대인 문동귀(字洛瑞, 서기 1808~1804)대에 이르러 서서였다. 그는 독서제(讀書齊)를 세워 가문의 자제들을 교육하였으며 특히 아들 3형제에 대한 교육은 엄히 하였다. 그 결과 철종(哲宗) 연간에 이르러 그의 장남 진현(振玄, 아호 學愚堂)은 사마시(司馬試)에 합격하여 태학관(太學館) 진사(進士)로 있었다.

이때 그는 지배계층과 밀접한 관련을 맺게 되었다. 낙서(洛瑞)를 암태도에서는 '문둔장(文屯長)'이라고 부른 것으로 보아 암태도는 궁장토(宮庄土)와 밀접한 관계에 있었던 것임을 알 수 있다.[64] 바로 이 시기가 문씨 가문이 부를 축적할 수 있는 사회·경제적 기반을 마련하는 계기가 되었다.

송원 문재철의 부친인 태현은 낙서의 차남으로 역시 부친의 엄한 교육을 받으며 성장하였다. 그는 20세를 전후하여 이재(理財)에 뜻을 두어 암태도의 좋은 입지조건에 있던 농제염에 종사하기 시작했다. 더욱이 그가 상선(商船)에 의한 염상활동은 문씨가 지주로 성장할 수 있는 경제적 계기가 되었다.

---

64) 암태도와 궁장토는 문씨 가문과 밀접한 관련을 맺고 있었다. 송원의 부친은 운현궁 장토가 암태도에 설치되었을 때 궁방(宮房)의 고직(庫直)을 지내며 궁(宮)과 밀접한 관계를 맺고 있었다. 또한 그는 나주목 관아 궁방을 지내면서 궁태도의 재정을 총괄하기도 했다. 서기 1905년에는 송원의 숙부인 학현(學玄)이 선희궁 암태도 감관(監官)을 지냈으며 송원의 당숙 인옥(仁玉)은 암태도 초대 면장을 지냈다. 이와 같이 문씨가문은 구한 말 암태도의 궁방, 감관, 고직 등을 역임하면서 사회계층의 중간계층으로서 지주로 성장할 수 있는 가시적으로 사회 경제적 배경을 이루었다.

문씨 가문이 지주로 성장할 수 있었던 가장 직접적인 활동은 염전(鹽田)의 경영[65]과 선상무역(船上貿易)이었다. 이러한 문씨 가문의 이재(理財)활동은 주권상실기 비금도 등지에까지 점점 확대되어 서기 1930년대 이후에는 간척지 개간사업으로 지도, 자은도에까지 염전을 두어 경영하였다. 그 후 염전 사업은 계속 발전하였다.[66]

한편 송원의 부친 문태현은 생산 또는 수합 된 백염을 자신의 범전인 상매선(商買船)으로 직선 선상무역을 하였다. 목포개항 전에는 영산포, 강경포, 목천포 등지에 염선상무 역활동을 전개하였다. 그리고 이러한 선상무역활동을 원활히 하기 위해 수곡리에서 암태도 남쪽 남강포구로 이주하였다. 이곳은 인근 도서지방의 요충지로 많은 선박이 이곳을 통과, 정박하는 지점이었다. 문씨 가문은 이른바 선주, 포구주, 염주, 지주로서 이 지역의 상권을 장악하였다. 서기 19세기 후반에는 그는 자기 소유의 염전과 토지 그리고 인근지역에서 생산된 염과 곡식을 큰 선박인 상매선(商買船)에 적재하여 강경포, 영산포, 목천포, 하동 등지로 선상무역을 하였다. 특히 그가 주도 왕래하였던 곳은 강경이었던 바, 그가 돌아올 때는

---

[65] 수곡리 앞 해변에는 개터(介基), 포도(浦島) 등의 염전이 있었다. 이 중 개터염전은 무제 염전으로 만조시에도 조금밖에 침수되지 않아 대부분이 해수면상에서 노출되는 극히 평탄한 해안 퇴적지형으로 천연적인 조건을 갖춘 염전인 바 이를 문씨 가문에서 경영하였고 송원의 부친은 이곳에서 제염의 방법으로 자작경영하면서 그 규모를 확대해갔다. 송원의 부친도 염전의 규모가 확대됨에 따라 경영을 자작경영에서 소작(小作; 임대차)경영으로 전환하였다. 이로써 염전의 소유전이 집중화되어 염주(鹽主), 염작인(鹽作人)의 관계가 생성되었다.

[66] 광복을 전후하여서는 간척지 확장으로 그 면적은 수십만 평에 이르렀으며 서기 1950년대에는 지도면에서 선일제염조합이 설립되기도 했다.

도서지역의 생필품을 싣고 돌아와 판매함으로써 이중으로 무역 차액의 이득을 얻었다. 그리고 그 수익을 토지매입에 투자하였다. 서기 19세기 암태도에서는 상품화폐경제의 발달로 인하여 토지매매 현상이 일반화되어가고 있었다.

상술한 배경하에서 염전경영 및 염선상 무역활동은 목포개항 이후에 이주한 송원에 이르러 더욱 활발해졌다.

송원은 직접 선상(船商)활동에는 참여하지 않았다. 그러나 그는 목포에 선일사상회를 설립하여 객주(客主)[67]로서 활약하였다. 송원의 객주 활동은 그의 부친의 상업·토지자본을 이용하였다. 19세말 개항장이었던 부산·원산·인천 등과 같이 목포 역시 대외무역의 상품은 미곡(米穀)으로 주대상국은 일본이었다. 따라서 미곡은 지주에게 높은 이익을 부장했을 뿐만 아니라 상인으로서 내륙의 미곡 유통로를 장악하며 하나의 사회적 세력으로 부상해갔다.

더욱이 서기 1914년 이후 일제의 토지수탈을 위한 첫 행보인 토지조사사업(土地調査事業)과 일제 자본주의의 성장, 제1차 세계대전의 발발 등의 요인에 의하여 미가(米價)의 등귀(騰貴)현상은 송원이 대지주(大地主)로 성장할 수 있는 여건을 제공하고 있었다.

서기 1915년까지 문씨 가문은 지주 경영지가 560여 정보(1정보는 3,000평; 답; 1,166,991평, 전; 268,541평, 대지 7,588평, 염전 38,695평)에 이르는 대지주로 성장하였다. 이러한 가문에서

---

[67] 객주상인(客主商人)의 뜻. 상인의 물건을 위탁받아 팔거나 매매를 거간(居間)하고 또는 그 상인을 치르는 영업을 일컫는다. 조선조 후기 객주의 위탁판매 상품은 곡류·담배·우피(牛皮)·어류 등이었다.

송원이 그의 부친으로부터 처음 상속받은 것은 매년 기 백석(幾百石; 2~3백석, 3~4백 석이 있다)을 받는 토지에 불과하였다.

그는 개항 이후 새로이 전개된 농업경제환경과 절절히 대응하고 평소 근검하고 규모있으며, 이재(理財)에 대한 수단이 남달라 서기 1915년경에는 5,000석군의 대지주로 성장하였다. 송원은 수도작(水稻作) 중심의 농업에 종사하면서 전작(田作)에도 소홀히 하지 않았다. 그것은 나주, 영암, 무안 등지는 전남 중서부지역으로 면화 경작면적이 총 면적의 40%를 차지하는 면화다작지역이었다. 당시 면화는 일제가 우리에게 강요했던 원료제품의 하나였다. 이러한 상황하에서 송원은 서기 1924년 목포에 제면(製綿)을 하기 위한 소면공장(梳綿工場)을 설립하였다.

한편 작심(作心)하면 한발도 뒤로 물러설 줄 몰랐고, 한 번 옳다고 여기면 무슨 일이 있어도 밀고 나가는 성격의 송원은 서기 1910년에는 이미 목포금융조합 설립위원이 되어 지방금융계에 두각을 나타내기 시작했고, 서기 1919년에는 목포창고금융주식회사를 설립하여 창고업에 손을 대면서 그의 부(富)에 대한 명성은 목포지방은 물론 호남 전 지역에 알려지게 되었다. 그리고 그 다음 해에 설립된 호남은행에 관계하여 상업·금융자본으로 전환하기로 했다. 또한 서기 1924년에는 남일운수 주식회사를 설립하여 운수업계에서도 투자하였다.

송원은 이러한 위와 같은 사업을 전개한 것은 지주 경영에 바탕을 둔 식민지 농업체제 속에서 일진한 기업활동이었다. 이와 같은 기업활동을 통하여 얻은 이익으로 송원은 지대수입의 감소를 만회하는 한편, 토지 집적을 계속해서 진행 시키고 있었다.

송원이 어느 정도의 토지를 소유하고 있었는지 정확히는 알 수 없다. 다만 광복 이후 농지 개혁 때 답(논)이 724,6정보, 전(밭)이 211,7정보로 나타났으나 실제로는 그 이상으로 추산되고 있다. 서기 1940년대 송원의 토지는 전남의 신안, 무안, 영암, 나주, 진도, 해남, 장성, 광산, 함평, 담양, 전북의 고창, 부안, 충남의 당진, 그리고 심지어는 강원도 철원, 양구, 경기도의 광주, 시흥, 수원에까지 산재했었다.

일익 부의 성장을 가져오던 송원에게도 시련은 있었다. 그것은 바로 서기 1923년 8월 송원의 땅을 소작으로 벌던 농민들이 소작회를 구성하면서 시작되었다. 그리하여 소작쟁의로 서기 1925년 도초도, 그 다음해 자은도, 그리고 서기 1927년 지도의 소작쟁의로 이어지면서 지주의 입장에서는 큰 시련이었다. 그리하여 송원은 먼저 토지경영의 형태를 마름[68] 중심에서 농감(農監) 1인 중심의 농장(農場)체제로 개편하였다. 그리하여 서기 1935년에는 경영 합리화를 더욱 철저하기 위하여, 선일합명회사와 그 다음 해에는 선일척산주식회사를 설립하기도 하였다.

서기 1940년대 송원의 지주 경영은 큰 변동을 겪게 되었다. 그것은 서기 1927년 중일전쟁의 발발, 서기 1941년 이후 태평양전쟁으로 인하여, 한반도는 일제의 전시체제하에서 인적 · 물적 수탈

---

68) 지주의 위임을 받아서 소작권(小作權)을 관리하는 사람.

을 당하는 것이었다. 그리하여 그 당시 모두 그랬듯이 송원도 수입의 상당부분을 헌납 당하고 벼의 공출도 당했다. 그리고 광복 후에는 토지개혁에 의하여 송원의 지주경영은 일단락되었다.

송원은 천자(天資)가 영특하고 뛰어난 이재(理財) 수단으로, 한때 재산이 4만석[69]에 이르렀다 할 때, 전남도 평의원 등을 역임한 바 있으나, 이것은 일제의 회유에 의한 것이었지, 자의적인 것을 아니었다. 이러한 점 등과 부호를 연계되어, 송암이 일부 좌파적인 시각을 가지고 있는 사람들로부터 '친일'이라는 누명에 자유로울 수가 없었다. 그러나 당대 부호들로서는 표면적으로 일제에 회유되면서도, 내면적으로는 일정한 한계를 긋고, 극비에 독립운동 자금 모금에 연계하는 민족의 양심을 심중에 갖고 있는 자들이 허다하였다. 송원도 그 경우이었다.

송원이 거리에 나서면 태산이 움직이는 것처럼 위엄이 있었다고 한다. 그의 풍채는 6척 거구에 주먹처럼 굵은 단장을 짚고 거리에 나서면, 기세등등했던 왜인(일본인)들도 그 당당한 풍채에 눌려 허리를 굽신거렸다. 송원이 일본 시찰에 갔을 때, 이 거구의 이른바 '센징(鮮人; 조선인)'을 대하는 왜인들은 공손한 인사를 올리기 일쑤였다 한다. 사람됨과 풍채가 이러고 보니, 인촌의 양부인 원파(圓坡) 김기중(金祺中)도 송원을 보자 땅바닥에 앉아, "나도 저런 아들 하나 낳았으면"하고 탄식했다는 일화도 있다.

---

[69] 총 재산이 4만 석이 아니라 매년 지대 등 총 수입이 4만 석이라하여 4만 석 꾼이라 하였다.

송원의 반일사상이 우회적으로 처음 노출된 것은 그가 전술한 바 있는 면화회사를 설립할 때였다. 그는 동 회사 설립을 왜인들이 방해를 놓자 의기와 무서운 패기로 꺾어버렸다. 그리고 인촌이 보성전문학교 교장으로 재직할 때, 재단이 약하다는 이유로 조선총독부로부터 압력을 받고 있음을 알자, 혼연히 보강 이사로 들어서서 총독부의 간섭을 꺾어 버리기도 했다.

보성전문과 송원의 가문과 관련하여, 송원의 손자인 문익수(文益洙)[70]는 서기 2008년 1월 필자의 집을 방문, 담론할 때 다음과 같이 증언해 주었다.

제가 아주 어렸을 때 할아버지께서 돌아가시어 기억이 희미합니다. 다만 할아버지께서 지금 생각해보면 풍채가 좋았다는 것이 어렴풋이 기억에 있습니다. 저는 1남 1녀의 남매로 아버지의 뒤를 이었습니다.

선생님의 말씀과 같이 선대에는 틀림없이 세교(世交)하는 집안이었을 것입니다. 그런데 저는 어려서부터 선친으로부터 가끔 할아버지의 이야기를 들어왔습니다.

제가 현재 고대(高大)에서 봉직하고 있습니다만 무척 고대에 애착이 갑니다. 선고의 말씀에 의하면 할아버지께서는 인촌이 보성전문 설립할 때, 나락 6천석을 조건 없이 내놓았다고 합니다.

당시 호남지방의 보성전문 자금모금을 책임진 분(그분의 이름은 잊었음)이 영수증인가 뭔가 써주려고 하자 할아버지께서는 세교의 집안 친구가 하는 큰일인데 그런 건 필요 없다고 하셨다 합니다. 할아버지께서는 근검·절약을 몸소 가르치셨고 의롭고 큰일을 위해서는 금전을 생각하지 말고 처신하라고 항상 선고에게 타이르셨다고 합니다.

---

70) 현 문태중·고 이사장, 고려대학교 사범대학 체육학과 교수.

이로 보면 송원은 당시 일제 식민지하에서 벗어나기 위한 민족을 위한 심정이 부풀어 가고 있었음을 추론할 수 있다. 4만석꾼의 말을 듣던 송원, 그가 호의호식은 커녕 무명 양말을 즐겨 신고 일이 바쁠 때면, 점심조차 거르던 그가 "돈이란 1원이나 똑같이 중하다"면서 차표 한 장 사려 해도 구겨진 지폐는 당신이 손수 일일이 펴서 사용했던 송원이었다. 그러나 송원을 아는 이들은 보성전문 설립 당시 송원이 벼 6천석을 내놓았을 때, 과연 송원다운 행동이었을 것이라고 송원을 평했을 것이다.

송원이 활동하던 무렵 목포지방에는 중학교 하나 없었다. 고향에 학교가 없다는 현실에서 오는 영향도 있었겠지만, 그는 식민지하에서 나라를 구하는 길은 교육에 있다는 것을 인식한 것은 나이로 보면, 연하의 세교의 사이인 인촌으로부터 영향도 컸을 것이다. 송원이 교육사업에 직접 나선 것은 서기 1941년 4월 문태중학교의 설립이 그것이다.

송원이 문태중학교를 설립하던 서기 1941년을 전후한 시대적 상황은 일제의 식민지 정책 수행에 있어서 이른바 '황민화(皇民化) 교육정책기였다.

동 시기는 이성을 잃은 일제가 침략의 세계적 확대를 위한 준비·수행으로써 종래의 소국적 방법에 의한 것에서 무력·강압적 방법에 의한 정책의 전환으로 전시체제로 들어갔고, 교육정책 역시 그 예외는 아니었다.

당시 한반도 지배의 최후적 단계로 나타난 조선교육령의 개정은

서기 1938년 3월 3일 칙령 제103호로 공포되었던 바 그 요지를 살펴보면 다음과 같다.[71]

첫째, 교명(校名)의 개칭으로 교육제도상으로 보아서 조선인과 일본인 간에 차별대우가 차별되었다고 하나, 그 실상은 일본인이 사립학교의 교장이나 교무주임의 자리를 차지하도록 하는 방침이었다. 그리고 사립을 공립으로 전환시키려는 의도도 내포되어 있었다.

둘째, 교육목적을 뒷받침하는 교육내용으로 일본어, 일본사, 수신, 체육 등의 교과가 강화되었다.

셋째, 조선어를 사용하지 못 하게 했다.

넷째, 사립학교 설립을 불허하였다.

다섯째, 기독계 학교의 성경과목을 폐지 시켰다.

이러한 상황 속에서 사립학교설립은 그만 두고라도 이미 있는 사학의 운영도 극도로 곤란하였다.

송원은 일제의 침략 초기에 치안유지와 민심 수습의 차원에서 만들어진 전남 평의원 참사를 지낸 바 있지만, 이는 '친일'을 택한 것 보다는 당시 부호였던 재산가로서는 어쩔 수 없는 상황이었을 것이다. 그러나 그는 서기 1930년대 들어 민족교육과 독립운동 지원에 행동화했으니, 오늘날 좌파시각을 가지고 있는 자들의 "일제 부호=민중착취=친일파"라는 항등식으로써 송원의 행동을 어떻게

---

71) 김경식, 같은 책, 187~189면.

해석할지 모르겠다. 그들에게 물어보고 싶은 대목이다.

송원은 암태 농민운동, 신간회에 관여하면서 솜장수로 가장하여 상해임시정부를 위한 독립운동자금을 조달하던 박봉영을 통하여 벼 200석, 보리 100가마, 누룩 50통에 상당하는 거액을 독립자금으로 제공한 적도 있다.

송원은 또한 서기 1941년 4월에 재단법인 문태중학교를 설립하여 민족사학의 길을 열었다. 송원이 민족사학을 설립할 당시 목포에는 중학교가 1개교도 없었다. 당시 목포에 거류하는 일본인 번영회는 자신들도 설립하지 못하는 중학교를 조선인이 세우려 한다고 맹렬히 반대 하였다. 이는 수년에 걸친 진정, 방해 공작에서도 드러났다. 그러나 송원은 이에 굴하지 않고 민족사학을 일궈냈다.

송원이 문태중학교를 설립할 때 출연한 재산은 총 1,029,250원(재단등기부 참조)으로 되어 있는바, 이것은 암태, 자은, 비금, 도초, 안좌면 등 도시지역의 답 837,328명과 전 426,234평 그리고 염전 55,144평에 이르는 당시 부동산 시가였다. 학교 건물에 돌(石材) 33개를 쌓아 2층 석조로 건축했는데, 이는 3·1운동 민족 지도자 33인을 추모하여 기린다는 뜻이 내포되어 있다. 또한 교모에는 2개 선의 테두리가 있는데 그중 윗선은 1.5cm, 밑선이 0.5cm로 윗선과 아랫선의 비율이 3 : 1로 되어 있고, 중학교 교기의 외줄 선도 33개 선으로 되어 있는 사실을 생각하면, 송원이 무엇을 생각하고 있었던 가를 추론할 수 있을 것이다.

문태중학교의 교훈은 현재 '성실(誠實)'로 바뀌었으나, 애당초는 '협조(協助)'였다. 이는 우리의 상부상조(相扶相助)의 협동이라는 전통적 미덕을 독립운동에 연결 시키려는 의도도 있을 것이다. 일제는 동교를 공립(公立)으로 전환하도록 압력했으나 끝까지 거절하였다. 동교는 서기 1945년 3월 20일 제1회 졸업생 102명을 배출하였다. 동교는 현재 중·고등학교로 발전, 서기 2007년 2월 15일 현재 중학교는 제62회 졸업, 총 18,241명(남 17,956, 여 285명) 고등학교는 제56회 졸업 총 19,852명(남 19,459명, 여 393명)의 각각 인재를 배출하였다.[72]

송원은 서기 1955년 72세를 일기로 세상을 떠났다. 그는 민족이 불운했던 주권상실기 목포지방에서 민족교육구국운동사의 1면을 장식했음은 물론 향토교육의 개척자였다 하겠다.

---

72) 학교법인 문태학원 연혁 참조.

제5절 무송 현준호(撫松 玄俊鎬 ; 서기 1889~1950)[73]와 민족교육을 위한 지원

현준호는 전남 영암군 학산면 학계리에서 대지주였던 학파(鶴坡) 현기봉(玄基奉)의 차남으로 태어났다. 그의 아호는 무송(撫松)이었다. 원래 현씨 가문은 충남 천안에서 살았지만 현준호의 증조부 때 영암으로 내려와 터를 잡았으나, 서기 1908년 목포로 이사하게 되었다. 그의 부친은 진사(進士)에 오른 유림(儒林)으로 영암군 향약소(鄕約所)의 도약장(都約長)과 구림학교(鳩林學校)의 교장을 역임한 7천석(石)군의 부호로 알려졌다.[74]

무송 현준호는 그의 부친의 경제적·사회적 배경을 토대로 자본가로서 성장하였다.

서기 1906년 6월 무송은 영학숙(英學塾)에서 김성수, 송진우, 창흥의숙 출신의 가인 김병로(街人 金炳魯)등과 그의 일생 중 중요한 만남을 갖게 되었다. 그 후 그는 서울 휘문의숙(徽文義塾)에서 수학한 후, 서기 1912년 23세의 나이로 명치대학(明治大學) 법률학과 예학에 입학하였다. 그는 유학기간 현상윤, 최두선, 윤정하, 박용희, 김철, 장덕수, 백관수 등 당시 장래가 촉망되는 민족의 동

---

73) 정근식 외 3, 근현대의 형성과 지역엘리트, 새길, 1995, 97~102면 참조.
74) 전남대학교 의과대학 50년사 편찬위원회, 전남대학 의과대학 50년사, 전남대학교 출판부, 1996, 29면.현기봉은 또한 광주 농공은행을 비롯하여 제조업, 창고업 등의 사업을 벌이며 명치신군 봉독회 조선지부 위원, 전라남도 참사, 전남도평의회 의원, 중추원 주임 참의 등 관직도 역임했다. (반민족문제연구소, 친일파 99인, 돌베개, 1993, 194~200면)

량들과 교우하는 계기가 되었다. 당시 도일 유학생들은 각 도 단위로 친목회를 구성해 활동하고 있었다. 전남북 출신은 호남다화회, 경상남북도 출신은 낙동친우회, 함경남북도 출신은 철북친육회, 황해도 출신은 서해 친육회, 경기·충청남북도 출신은 삼한구락부, 강원도 출신은 영우구락부를 구성했던 바 여러 친목회가 구성되었다. 그 중 호남다화회는 회장 송진우를 중심으로 김성수, 장덕수, 최남선, 현준호, 신익희, 조소앙, 김준연 등이 참여하고 있었다.

그 구성원들을 보면 호남다화회는 타도 출신이 많이 참여한 듯하며, 또한 도일 유학생의 단결과 단체 통합에 중요한 역할을 했다. 현준호는 법학을 전공하면서도 상과계열의 과목에도 열중하였으며, 특히 그는 '조선인은행'을 설립하려는 꿈을 그때 세웠다.

무송은 서기 1917년 4월 귀국하여 명치대학 동창이었던 목포의 차남진, 서울에 있는 김성수, 송진우 등과 자주 만남을 가졌다. 그로부터 2년 후 극비로 3·1운동의 소식을 현상윤, 송진우로부터 전해 들었지만 거기에 가담하지는 않았다.

3·1운동 이후 6월 그는 호남은행(湖南銀行)의 설립에 착수하여, 그다음 달 발기인의 모집에 들어갔다. 이미 서기 1913년 충남에서는 호서은행(湖西銀行)이 설립되어 있는 상태였다. 무송은 서기 1920년 2월 조선총독부로부터 설립허가를 받고, 동년 8월에는 자본금 150만원(3만주)으로 창립하게 되었다. 설립 당시 현준호는 전무취체역을 맡고, 서기 1925년에는 대표취체역을 맡았다.

서기 1931년의 호남은행 주주명부에 의하면 500정보 이상 대지주는 김충식, 현준호, 문재철 등 8명, 20정보 이상 지주는 차남진 등 20여명이었다.[75] 호남은행 설립, 경영의 특징은 목포, 광주 일대의 민족계 대지주 및 상업자본가들이 대거 참여했다는 점과 일본인 직원을 채용하지 않는 점이 있다.[76]

무송은 민립대학 기성운동에도 적극 참여하였다. 당시 동아일보는 사설에서 민립대학 설립의 필요성을 다음과 같이 주장하였다.

…정치적, 경제적 예속뿐만 아니라 정신까지 예속되는 것은 일시적인 문제가 아니므로 정신적 예속을 막기 위하여 학(學)의 독립이 필요하기 때문…[77]

모금운동을 위한 조직으로 중앙부와 지방부를 두었던 바, 현기봉은 당시 광주군 지방부 집행위원장을 맡고, 현준호는 500명분의 입회금을 내기도 했다. 그러나 동 운동이 배일사상을 선전한다는 이유로 일제의 탄압과 서기 1924년 이후 계속된 한재(旱災)와 홍수 등의 사정으로 중단되고, 그 결과 1924년 일제에 의한 경성제국대학이 성립되었다.

무송은 대학에 진학하는 호남출신 학생에는 무조건 거금의 장학금을 지급하였다. 그의 장학금을 혜택받은 자 중 손창식(孫昌植)이

---

75) 장시원, 일제하 대지주 존재형태에 관한 연구, 서울대학교 대학원 경제학과 박사학위 논문, 1989, 181면.
76) 조기준, 일제하 한국기업 설립운동사 연구, 청사, 1989, 162~167면.
77) 東亞日報, 1922, 2월 5일자 사설 참조.

라는 사람에 주목할 필요가 있다.

손창식은 서기 1906년 2월 8일 전남 함평 출신이다. 그는 현준호의 장학금으로 일본에 유학하여 동경고등공예학교 정밀기계과를 졸업하였다. 그는 일용품을 발명(37개 종목)하여 일제 정부 특허국으로부터 11개의 특허를 갖고 있었다.

그는 서기 1932년 상해로 건너가, 장개석 정부의 후원을 얻어, 자기가 특허를 받는 여러 가지 생산할 준비를 하였다. 그는 자신의 책과 짐을 가지러 도일했다가 독립운동가로 몰려 옥고를 치루기도 했다. 집행유예로 풀려난 그는 다시 상해로 건너가, 십여 년 동안 맨손으로 '상해 정밀기계공예사'라는 대규모의 공장을 차려놓고, 수백 명의 직공을 쓰면서 비행기와 군함의 부속품을 생산하는 기계공장을 운영하여 거액을 모았고, 고액 납세자로도 이름이 높았다. 일제와 중국으로부터 사상문제로 몇 번 감옥생활도 하였고, 네 차례에 걸쳐 재산이 봉쇄되는 등의 수난도 있었다. 반면 서기 1932년 상해로 건너간 그는 당시 상해주둔군 사령관으로 온 일본인 처남의 비호 아래 군수공장을 운영하여 큰돈을 벌기도 했다.

그는 서기 1944년 2월 무송과 당시 광주기독교계 선각자이자, 일제에 저항했던 독립투사 내지 진실한 사회사업가였던 최흥종(崔興琮)이 상해를 방문했을 때, 광주공립의전 설립기금으로 2회에 걸쳐 100만원을 선뜻 희사하기도 했다. 당시 100만원이라는 금액은 쌀 20만가마에 해당하는 금액이었다.(서기 2023년 5월 현재 백미 1가마 80Kg 당 200,000원으로 환산하면 400억 원에 해당)

그러나 이 기금은 전남도에서 관리하고 학교 건설에 썼겠지만 어디에 어떻게 사용되었는지 알 도리가 없다. 아마 대부분이 전쟁 수행에 전용되었을 가능성이 크고, 패전과 함께 흔적도 없이 사라졌을 것으로 짐작된다. 이뿐만 아니라 고아원·육아원에도 거액을 기부하였고 중경의 임시정부에도 독립자금을 조달하였으며 이화여전(梨花女專)에 50만원과 중앙여고 등 교육단체에 많은 돈을 기부하였다.

중국의 본토가 서기 1949년 공산화되자, 그의 모든 재산을 버리고 대만을 거쳐 홍콩으로 가서 보석원석(原石)을 가공하여 미국에 수출하였다. 그는 서기 1963년 8월 15일 광복 18주년 기념식에 독립유공자로 정부의 초청을 받아 귀국하였으며 (당시 홍콩의 동해보업사(東海寶業社) 그 때 전남대학교를 방문, 개교 유공자로 표창을 받았고, 이듬해 2월 26일 명예공학박사 학위를 받았다.[78]

무송 현준호는 서기 1920년대 중반을 넘어서면서 그 활동은 관계와 밀착된 관계를 이루고 있다. 이 점에 대하여 미리 이야기해둘 것은 그의 자발적인 행동이 아니며, 당시 시대적 상황에 그럴 수밖에 없었다는 것을 추론할 수 있다. 그것은 광복후 반민족 행위 처벌법[79]에 의하여 조사를 받을 때, 불구속 처리된 사유가 반증하고 있다. 즉 무송은 중추원 참의와 도평의회 의원으로 있으면서,

---

78) 전남대학교 의과대학 50년사 편찬위원회, 전남대학교 의과대학 50년사, 1944~1994, 전남대학교 출판부, 1996, 28~29면.
79) 반민족행위 처벌법은 서기 1948년 국회에서 통과되어 동년 10월 24일 특위가 구성되었고 전남지역에서도 최종섭을 위원장으로 하여 활동을 시작했다. 동 지역에서 입건된 자는 모두 38명으로 20명은 구속되고 18명은 불구속되었다.

일제에 동조했다는 이유로 반민족 특위에서 조사를 받았지만, 중추원 참의는 본의 아니게 맡게 된 것이며, 오히려 그가 설립한 호남은행에서 일본인 직원을 한 사람도 쓰지 않아, 일제의 미움을 사 동일은행에 합병된 것, 창씨개명을 하지 않았던 것을 주장해 불구속 처리되었다는 점에서 이다.

무송은 부친이 사망한 뒤 도평의원에 임명되었고, 서기 1930년대에는 중추원 참의로 재임명되었다. 그가 도평의원으로 있던 서기 1929년 광주학생운동이 일어나자, 그는 구속학생 석방 학부모 교섭위원회를 조직해 교섭위원장을 맡았다. 현준호는 서기 1933년에는 일제로부터 춘동간척사업을 허가받아 100여 정보의 농토를 확장하기로 했다. 그리고 1936년에는 동아일보, (주)조선생명보험 취체역을 맡기도 했다.

서기 1937년 중일전쟁이 발발되자, 당시 조선총독부 총독 남차랑(南次郎; 미나미)은 조선순회시국강연반 결성을 지시하였던 바, 무송은 동년 8월 시국강연회 한 사람으로 지명되었다. 그리고 그 다음 해 전세가 급하게 전개되자, 조선총독부는 시국대책조사위원회를 설치하고 대책위에는 97명이 임명되었는데, 그 중 11명은 조선인으로 현준호를 비롯 김연수(경성방직 사장), 박영철(중추원 참의), 박흥식(화인상회 사장), 윤덕영(남작, 중추원 고문), 이기찬(참의), 이승우(참의), 최린(참의), 한규복(참의), 한상룡(참의, 조선생명보험사장) 등이었다.

무송은 여기서 산업경제 관계를 담당한 제2분과 전임위원과 문화사회 관계를 담당한 제1분과 겸임위원을 맡았다.[80] 그 뒤 1941년 흥아보국단 준비회라는 친일관변단체의 상무위원으로 그 후 임전대책협의회와 통합되어 조선 임시보국단으로 바뀌자, 여기서도 평의원으로 지명되었다. 전쟁이 막바지에 이르자 중추원은 학도지원을 독려하기 위한 강연반을 결성하기도 하였다. 이에 따라 무송은 전남지역 시국강연반에 지명이 되었다.[81]

서기 1942년 5월 호남은행은 일제의 특별감사 후 배일사상을 이유로 동일은행에 합병되고 말았다. 한 편 그 다음 해로부터 광복 때까지 현준호는 서기 1939년 허가받은 후 지지부진했던 서호간척사업에 몰두했다. 그는 부친의 아호를 따라 '학파농장'으로 하여 서기 1944년부터 단계적으로 농사짓기 시작했으며, 서기 1951년에는 이북에서 피란 온 30세대가 정착하기도 했다.

무송 현준호의 토지는 학파농장소유의 155.3정보와 광주, 장흥, 강진, 해남, 영암, 무안 등지의 그의 토지 713정보였다.

서기 1950년 한국전쟁의 발발은 현준호의 가족에게 불행을 가져다주었다. 장남(현영익; 당시 국회 의사과장)이 북한군에 사로잡혀 처형당했고, 현준호 역시 동년 7월 27일 내무서원에게 호남동 자택에서 붙잡혀, 그 후 9.28 수복 때 후퇴하던 북한군에 의해 광주형무소 농장에서 피살되고 말았다.

무송은 그의 편역에서 조선총독부가 임명했던 중의원 참의라던

---
80) 반민족문제연구소, 같은 책, 194~200면.
81) 반민족문제연구소, 같은 책, 203면.

가 관변단체 위원으로 임명되고 그 입장에서 활동했던 것은 외형적으로는 친일행위 비판에 자유로울 수는 없다. 무송 현준호가 자의적이 아니고 타의적인 친일 행위를 한 점, 당시 일제의 위압적인 상황, 그리고 그가 민족적 입장을 견지하고 처신했던 점, 민립대학 설립운동에 참여 했던 점, 사학의 설립운동 등에 대하여 좌파 시각을 가지고 있는 이들은 그를 친일파의 범주에 자리 매김하겠으나, 필자로서는 어떻게 해석해야 할지 모르겠다.

무송과의 관련해서 또 하나 눈여겨 볼 것은 사립은 아니지만 전남 광주의학전문학교(1944. 3~1946. 8)의 설립에도 관여하였다는 점이다.

주지하는 바와 같이 일제의 식민지정책은 교육에 있어서 조선인의 고등교육에 대한 기회는 제도적으로 억제하면서 우민정책(愚民政策)으로 일관했다. 또한 조선인에게는 의료혜택을 최소한으로 허용하도록 의료시설의 투자는 극미하였고, 의사양성은 적극적으로 나서지 않았다.

서기 1940년 무렵 조선에는 의학교(醫學校)로서는 모두 6개교뿐이었다. 즉 서울에 경성의전(京城醫專), 세브란스의전, 경성제대 의학부와 서기 1938년에 개교한 경성여자의전 등 4개교, 그리고 지방에서는 대구의전[82]과 평양의전이 있었을 뿐이었다.

또한 광복전 한 통계에 의하면, 조선인의 유아사망률이 1,000명

---

[82] 대구의전은 자혜의원 의학강습소. 서기 1928년 경북도립병원 의학 강습소로, 서기 1933년에는 4년제 대구의학전문학교로 되었고 광복 후에는 대구의대를 거쳐 경북대학교 의과대학으로 발전하였다.

중 220명을 기록하였고 결핵, 나병, 장티푸스, 발진티푸스, 천연두, 콜레라, 말라리아 등 전염병이 창궐하였을 뿐만 아니라, 영양실조에 따른 온갖 질병으로 평균 연령도 37세에 불과하였다.[83]

이러한 실정인데도 서기 1911년 조선총독부 의료통계에 의하면 의사는 880명이었는데 조선인 의사는 54%였고 의사 1인당 15,000명을 넘어섰으며, 서기1940년에 이르러서 의사는 3,197명(그 중 1,948명이 조선인, 의사 1인당 7,420명)이었다.

서기 1937년 광주의 경우, 의사는 총 27명이었다. 도립광주의원에 9명의 의사 중 조선인으로는 최상채(崔相彩) 단 1명, 제중원에 4명의 의사 중 조신인 의사 2명, 개업의는 14명이었는데, 그 중 조선인은 7명이었다.

서기 1943년에도 의사는 43명에 불과했으니, 의료인력의 부족 상황을 이해할 것이다. 더구나 태평양 전쟁이 임박하게 되자, 제중원의 서양인 의사들은 모두 추방하고 병원을 폐쇄하여 버렸으니, 의료서비스의 어려웠던 상황은 이만저만이 아니었다. 이러한 실정을 보다 못한 지방 유지들은 도립광주의원을 모체로 하여 의사양성기관을 설립할 것을 열망하게 되었고, 이미 서기 1936년(소화 昭和 11년) 송본(松本; 마스모도) 지사가 재임하고 있을 때부터 조선총독부에 의전설립을 추진하였으나 번번이 실패하였다.

일제는 그들이 도발했던 태평양전쟁이 전개되면서, 많은 전상자

---

83) 전남대학교 의과대학 50년사 편찬위원회, 전남대학교 의과대학 50년사; 1944~1994, 전남대학교 출판부, 1996, 24면.

를 치료할 의사를 신속히 양성하려고 일본 전국에 30개교의 임시 의전을 설립하였다. 일제는 군부의 야욕과 이 곳 주민들의 열망이 맞아 떨어져, 광주와 함흥에 의전을 설치하기로 한 것이다. 그리하여 패전 1년 전인 서기 1944년 1월 10일 도립광주의전 개설위원회가 발족 되었다. 동 위원회의 위원장은 무영(武永; 다께나카)지사, 실시위원은 도립광주의원 황목영일(荒木英一)원장이 맡았고, 위원은 확인할 수 없으나 현준호 등 지방유지가 포함되었다.

 동 위원회는 동년 3월 2일자로 조선총독부에 설립인가를 정식으로 신청하였다. 여기에는 그들이 원하는 설립비용 100만원을 충족한 후였다. 드디어 총독부는 동년 3월 31일자로 총독부 고시 제617호로 전문학교령에 의한 설립인가를 하였다. 학교의 명칭은 광주공립의학전문학교(光州公立醫學專門學校)이다. 동교는 서기 1944년 5월 20일 교사로 정한 수피아중학교 대강당에서 제1회 입학식을 거행하였던바, 신입생 102명(일본인 54명, 조선인 48명)이었다. 동교는 광복 후 '광주의전'으로 계속하다가 현 전남대학교 의과대학의 모체가 되었다.

 비록 광주공립의전이 군의관 양성을 목적으로 설립되었다고 하나, 그것은 한낱 피상적인 우연의 일치일 뿐 광주에 의학교 설립되어야 한다는 것은 시기의 조만(早晩)을 떠나서 필연적이었다. 그것은 첫째 당시 광주를 중심한 전남도민의 간절한 염원이었고, 둘째로는 당시로서는 훌륭한 도립병원이었다. 조선총독부는 오히려 방해하고 있었다. 셋째는 광주의전이 공립이었다지만 교활한 일본인들은 자기들의 자본을 투자하지 않고, 지방민의 자금으로 설립하도록 한 것이다. 결국 사립학교를 설립한 것과 마찬가지였다.

결국 광주의전이 공립이라 하나 그것은 형식에 불과했다. 그들은 교사(校舍)를 불법적으로 몰수한 수피아여중과 제중원을 광주의전으로 하여금 관리토록하고, 도립병원을 부속병원으로 쓰도록 했으니 말이다.

이 외로 무송의 교육지원은 서기 1921년 보성전문학교 감사, 동아일보 감사로 활동하기도 했으며, 서기 1926년 10월 학산공립보통학교 신축비로 1,400원 기부, 동년 5월 광주여자고등보통학교 설립, 서기 1937년 동아일보 취체역과 경성방직 주식회사 취체역 등을 역임한 바 있다. 한편 무송은 일제의 기관에 관여한 점도 사실이나, 이는 아무런 정책결정에 영향을 줄 수 있는 실질적이 아니라, 형식적인 자리였으며, 그러한 기관의 관여는 임의적이 어나라 타의적이었다. 이러한 점에서 보면 현준호는 실제적으로 민족을 위한 교육과 인재양성, 그리고 민족기업에 깊은 관심을 가지고 노력하였다 할 것이다.

제6절 우석 김종익(友石 金鐘翊; 서기 1886~1937)과 민족을 위한 교육사업[84]

　김종익은 서기 1886년 7월 6일 전남 승주군 월등면 대평리(大坪里)에서 출생하였다. 그는 금녕군(金寧) 김씨인 고려 금녕군(金寧君) 시여(時輿) 28세손으로 학모(學模)와 어머니 양주하씨(楊州河氏)사이에 장남으로 태어났으며 우석(友石)은 그의 아호이다.

　우석은 어린 시절 벼슬길에 진출한 아버지 날로 번창하는 가세 속에서 남부럽지 않게 보냈다. 우석의 집은 4만 5천석꾼이었다. 재산은 주로 토지였으며 순천을 비롯 벌교, 구례, 여수, 광양, 보성 등 전남 도내에 산재해 있었으며, 그 규모는 서기 1930년 현재 1,127정도(3,381,000평)로 알려지고 있다.

　우석은 어렸을 때 가정환경이 남달리 부유한 가정이였지만, 부친의 엄한 가교(家敎)를 받으며 한학(漢學)에 전력하였다. 그리하여 그는 한문과 조예(造詣)가 깊었으며, 시작(詩作)은 사람의 이목(耳目)을 놀라게 했고, 서예에서 필력(筆力)이 곧고 절묘하였다.

　우석은 20세가 되기까지 과거(科擧)를 보기 위해 승주 선암사(仙岩寺)에서 그 준비에 열중하였다. 그러나 을사늑약이 체결되자 뜻한 바 있어 상경, 그의 나이 24세 때인 서기 1909년 경성 중동학교(京城中東學校)에 입학하였다. 그것은 개화문화(開化文化)를 하

---

[84] 順天中高等學敎 五十年史(1938~1988), 1988 順天中高50年史 編纂委員會 開校 50周年記念事業委員會, 開校五十年史(1935~1985), 順農·順天大學, 1985.

루 빨리 익히는 것이 구국을 위한 첩경으로 생각하였기에, 만학(晚學)의 길을 택하여 웅지(雄志)를 펴기 시작한 것이다. 그리고 26세에 동교를 졸업하고, 곧바로 황성기독교청년회학관(皇城基督敎靑年會學館)에 입학하여 2년제 상과(商科)를 수료했다.

그리고 그는 28세 때인 서기 1913년 도일(渡日)하여, 동경의 조선기독교 청년회(朝鮮基督敎靑年會)에서 일어과(日語科)를 수료하고, 명치대학(明治大學) 법과(法科)에 입학하여 법학을 전공하면서도 경제분야에 대한 꿈을 잊지 않았다. 우석은 중동학교 재학시에 일제에 의한 힘없이 무너지는 주권상실을 서울에서 목격하였고, 도일 유학생활 중 일본의 개명한 문명에 충격을 받아 교육의 필요성을 절감했다고 전해지고 있다.

동경 유학시설 송진우, 안재홍, 장덕수, 김도연, 백관수, 김효석, 김성수 등과 은밀하게 교유(交遊)하면서 유학생들의 활동을 위해 상당한 자금을 지원하기도 했다.

서기 1916년 우석은 도일 유학을 마치고 귀국하였다. 그리고 2년 후인 서기 1918년 그의 나이 33세에 무안의 박영선(朴英善)의 차녀와 결혼하였다. 그의 부인의 이름은 '춘자(春子)'가 왜풍(倭風)이 있다하여, 혜순(惠淳)으로 개명하여 불렀다.

이러한 것을 보면 당시 도일유학생출신이였지만, 우석의 마음의 심연(深淵)에 흐르는 배일(排日)의 한 경우를 읽을 수 있다. 같은 해 관계(官界)에 진출하라는 친교(親敎)가 있었다. 부군수(副郡守)라는 자리는 파격적인 것이었으나 부친의 재력이 뒷받침한 것이었고, 큰 재산을 가지고 있던 이에게 당시 일제가 주시하고 있었던 것은 일반적이었으니, 그의 부친의 심정도 헤아릴 수는 있다.

그러나 우석은 당시 관계나 정치계 진출은 일제 식민지주의에 동조하는 길이고 희생이 되는 길이라는 것을 들어, 부친에 간청(懇請)하고 네 뜻대로 하라는 허락이 있어, 경제계 중시 및 교육사업에 헌신하기로 결심하였다.

"이달에 천원 벌었다 해서 돈을 헛되이 써서는 안 된다. 그것은 다음 달 그리고 그 다음 달에는 돈이 벌리지 않을 수도 있으며, 어떤 경우에는 지난달에 벌었던 돈 이상의 손재(損財)도 받을 수 있으니, 항상 이를 대비할 능력을 갖추어야 한다."는 부친의 교훈과 재력(財力)에 힘입어 당시 심한 재정난에 허덕이던 조선제지주식회사 전무취체역 백영수(白渶洙)와 손을 잡고 그 회사에 투자하였던 바, 투자액은 3만원(당시 벼 한 섬 10원)이었다.

우석은 그 이듬해 동 회사의 전무취체역을 거쳐 감사역에 피선되면서, 회사 경영에 본격적으로 참여하게 되었다. 그러나 이것이 여의치 않아 서기 1924년 조선제지회사에 투자한 지 6년 만에 당초의 투자원금 3만원만 되돌려 받는다는 조건으로 손을 떼게 되었다. 이후 그는 미두(米豆)거래에 관여했다. 이는 오늘날 주식투자와 비슷한 투기사업이었다. 그는 이에 탁월한 수완을 갖고 있어, 이를 통해 상당한 자금수완을 갖고 있어, 이를 통해 상당한 자금을 모을 수 있었다.

물론 그 밖에도 여러 회사의 주식을 소유하고 있었다. 조선식산은행(2,620주), 동일은행(2,557주), 조선거래소(6,500주)를 비롯해 조선철도(1만 6,990주), 조선경남철도(7,090주), 조선경동철도(4,850주), 금강산전기철도(3,180주) 등에도 상당한 투자를 하고 있었다. 이들 투자액을 환산해 보면, 농업에 98만여 원, 철도업에 160만여 원, 금융업 관계 회사에 29만여 원, 제조업에 2만 5,000여 원이었다. 이렇듯 그는 당시 전남 지방의 대지주 가운데 가장 많은 주식을 보유하고 있었던 것이다.

우석은 서기 1925년에 부친의 사망으로 막대한 유산을 물려받고, 그 이듬해 (41세) 5월 부친의 아호를 따라 묵초육영회(墨憔育英會)를 설립하였다. 그의 육영회 설립은 한편 그의 부친의 감화와 뜻을 이은 것도 된다.

그의 부친은 생전에 국가의 장래를 위해서는 누군가 2세의 교육에 헌신하지 않으면 안 된다는 것을 내심 간직해 왔음에도 불구하고, 당시 여건으로서는 승주지방에는 학교를 세울 수 없어, 서기 1919년 호남의 유지들이 뜻을 모아 광주고등보통학교(光州高等普通學校 : 광주 서중의 전신; 서기 1968년 평준화 정책에 의해 폐교) 설립 때 5천석(石)에 상응하는 가장 많은 자금을 기부한 바 있다.

우석이 묵초육영회 설립하면서 내놓은 장학 기금은 65만원이었다. 이 기금으로 중학생에서 전문학교 학생에 이르기까지 50명을 선발하여, 1인당 매월 25원에서 50원까지 지급하였던바, 이 돈은 1개월 생활비까지 충당할 수 있는 큰 돈이었다. (당시 쌀 한가마

15원 정도)

서기 1933년 48세 되던 해 6월 우석은 민씨가(閔氏家)로부터 조선제지주식회사를 인계받아, 유전(劉銓), 석진형(石鎭衡), 남주희(南冑熙), 김양수(金良洙), 김도연(金度演) 옥준진(玉濬珍), 이인제(李仁諸) 등을 중역(重役)으로, 심상순(沈相淳)을 상담역(相談役)으로 추대하여 단독으로 경영하였다.

같은 해 9월에 우석은 늦게 장남을 얻었다. 그는 개인적으로는 득남의 경사도 되겠지만, 이를 계기로 빈민구제 사업을 위하여 당시 적십자에 다액을 기부하였다. 또한 같은 해 10월 조선나병협회(朝鮮癩病協會)에 기부하고 이사에 취임하였다.

우석은 서기 1934년, 49세 때는 보성전문학교 30주년 기념사업의 일로 인촌 김성수가 내방(來訪)함에 이를 환영하고, 다음날 바로 상경하여 거액을 보성전문에 희사하였다. 우리는 여기서도 보성전문의 인촌 설립·경영에 재인식할 필요가 있다. 우선 '고려대학교 70년지'만 보더라도 인촌의 보성전문 경영은 그의 생부와 양부의 전답 기증(양부의 500석, 생부의 5000석)을 받아 중앙학원에 예치하는 형식으로 이루어졌다고 기술[85]하고 있다.

그러나 이것은 인촌의 보성전문 인수가 그의 가문에서 전액 출연하여 이루어진 것으로 왜곡하고 있는 바, 당시 인촌의 가문과 친교를 맺고 있던 여러 집안에서 인촌의 육영사업에 친히 협조 했던 순수한 육영정신을 망각 내지 모독하고 있다는 것을 고대교지 편찬

---

85) 高麗大學校 70年誌―編纂, 같은 책 117면.

실은 반성해야 할 것이다. 우석의 경우도 그렇다. 보성전문 30년 기념사업에 인촌이 우석을 지방에까지 내려가 방문하고, 이에 회사(回謝)로 우석이 곧바로 상경하여 거액의 돈을 희사하는 사이라면 인촌의 보성전문 인수에 우석이 뭔가 개입했을 것이라는 것도 배제할 수 없다. 우리는 앞에서 진술한 송원 문재철의 손자 그리고 회천 김재종의 증손인 필자의 증언에서도 이와 같은 경우를 인식을 했기 때문이다.

서기 1935년 51세 때 우석은 당시 일제하 사학의 설립이 어려울 때 순천 군민들의 염원이던 순천 농업학교(順天農業學校)를 설립하였다. 당시 전남도내에 민족사학인 고등보통학교로는 광주고보(光州高普)가 유일하게 있을 뿐이었다. 동교는 후에 그의 부인이 우석의 유지(遺志에) 따라 갑종으로 승격되고, 서기 1938년 순천공립고등보통학교로 개교되었다.

이에 대하여 당시 동아일보는 1단 기사에서 다음과 같이 말해주고 있다.

大望의 順天中學校는 故 金鍾翊氏의 二十萬圓 巨金 寄附로 순조롭게 新築되어 順天邑 麟蹄理 앞에다 學校敷地 一萬五千餘坪을 買受하여 착착 進行中 지난 三月 二十六日 附로 學校가 認可되고 校長으로 前 東萊高普 敎諭 廣兼弘毅氏가 被任되어 赴任한 후에 實施케 되었으나 時日이 急迫함으로 現 南小學校 本館에서 우선 嚴選하여 다음과 같이 學生募集을 받기로 한다.[86]

---

86) 東亞日報, 1938년 4월 8일자, 7면 1단 기사 「新設順天中學校 19日에 入試」 참조.

그리고 또 동아일보는 신입생 선발 등에 관하여 다음과 같이 말해주고 있다.

> 新築된 順天中學校는 지난 15일까지 入學志願을 받았고 19일부터 試驗케 되었는데 이번 同學敎 一學年生 100名 募集에 志願者는 718名이고 그 中에 手續이 完全한 志願生은 680名으로서…이번 受驗生은 7對 1이란 다른 곳에서는 볼 수 없는 現象이며…學生 700餘名과 隨行한 學父兄까지 1,500餘名의 큰 손님을 맞이한 順天 各 旅館은 큰 混雜을 이루고 있다한다.[87]

서기 1936년 51세 때 우석은 일본의 각지를 시찰하여 시야를 넓히고 귀국하여, 대규모로 여러 가지 사업을 기획하던 중 그의 장녀의 참척(慘慽)을 보았다. 이를 계기로 그는 조선 의료계의 미개(未開)와 무능을 개탄한 나머지 이종린(李鐘麟), 정구충(鄭求忠), 김탁원(金鐸遠), 심상순(沈相淳) 등의 권고로 우선 여자의과대학 설립 추진을 발 벗고 나섰다. 그의 본래 의과대학 설립을 계획하였으나, 일제에 의해 여자의학전문학교 설립으로 변경되어 경성여자의학전문학교 설립기성회를 발족, 이사로 취임하게 되었다.

동 여자의학전문학교는 수도의과대학, 우석대학교 의대를 거쳐 오늘의 고려대학교 의과대학의 전신이 되었으니, 우석은 생전에 보성전문 도서관 설립, 사후에는 고려대학교 의과대학 설립에 관여했다고 하겠다.

---

[87] 東亞日報, 1938년 4월20일자, 7면 2단기사 「百名을 募集하는데 志願者 七白名! 順天中學의 入詩戰」 참조.

우석은 경성여자의전 설립을 앞두고 52세 되던 서기 1937년 4월 우연히 발병하여 경성의전 대학병원 암정내과(巖井內科)에 입원 가료하였으나, 당시로서는 회춘(回春)을 기하기 어려웠다. 동년 5월 6일 임종에 즈음하여, 그의 자당 하씨 부인 이하 부인의 가족 친지가 모인 가운데, 자기 평생의 소신대로 유언을 남겼다. 당시 서기였던 박영진(朴永進)이 유언을 속기하여 입회인이 날인한 후, 그의 부인으로 하여금 보관케 했다. 이와 같이 유언을 남기고 당일 오후 9시에 홀홀히 떠났다.

유언내용을 발췌하면 다음과 같다
 ○ 조선의 수재(秀才)로서 빈곤한 학생들에게 교육을 위한 학자금을 주어 훌륭한 교육을 시켜 국가대계에 일꾼이 되게 할 것.
 ○ 육영(育英)과 사회사업에 175만원(필자 주 : 당시 벼 한 섬 17원 정도)을 희사할 것.
 ○ 묵초육영회를 희사액의 3분의 1이상으로 설립하고 수재(秀才)를 양성하되 전문대학생 양성에 치중할 것.
 ○ 순천농업학교를 갑종(甲種)으로 승격할 것.
 ○ 순천남녀 고등보통학교를 설립할 것.
 ○ 경성여자의학전문학교를 설립할 것.
 ○ 순천유치원에 기부할 것.
 ○ 조선의 공 국악(國樂) 발전을 위해 생전에 설립한 성악사(聲樂社)를 원조하여 후진을 양성하게 할 것.

참고로 우석의 유언으로 내놓은 희사금 175만의 집행을 보면 다음과 같다.

- ○ 순천 사회공익자금 100,000원
- ○ 서울시내 사회사업 기금 200,000원
- ○ 순천중등학교 설립기성회 기금 200,000원
- ○ 묵초육영재단 설립기금 600,000원
- ○ 경성여자의학전문학교 설립기금 650,000원

서기 1937년 5월 9일 5시 서울역 광장에서 수많은 시민의 참석하에 우석의 영결식이 거행되었다. 그 때 안재홍(安在鴻), 여운형(呂運亨), 이인(李仁)의 민족주의 계열의 조사(弔辭)가 있었다. 왜 그랬을까? 혹자들은 우석을 평가하되 일제하 재산보호와 사회적 신분유지의 유력한 수단으로 학교 설립 등을 활용했다는 시각으로 보고 있는데 과연 이들의 시각으로 보면 우석이 친일파란 말인가? 좌파적인 시각을 가지고 있는 이 같은 자들의 부형들은 일제하 암울한 시기에 과연 민족을 위해 무엇을 했는지 그것이 알고 싶다.

제7절 고창군민(高敞郡民)과 민족사학 고창고보 설립

민족사학 고창고보(高敞高普)의 설립에 우선 인식해야 할 것은 일본인 기독교 신자였던 마스도미(椰富'安左衛門')가 경영하던 '흥덕학당(興德學堂)과 고창고보 설립의 재정적 주역으로서 설립 당시 군내 유지 강대직, 홍종철[88], 김재종[89], 정필환, 오지환, 이형승, 이휴열, 최용균 등 천석꾼 이상의 부호와 재산세 납부 대상의

---

[88] 금하 홍종철(錦下 洪鍾轍)은 대대로 명문인 남양홍씨의 후예로, 고창군 아산면 대기리 출생이다. 그는 주권침해기에 무장 동명학교를 세웠던 (서기 1909) 부호 재삼(在森)의 아들로 5대 독신이다. 그의 집안과 필자의 집안과는 세교(世交)의 집안으로, 필자의 친구인 홍 순직(중등교장 역임)은 금하의 7번째 아들이며, 홍영표 국회의원 (더불어민주당 원내총무 역임)은 그의 손자이다. 금하는 고창고보 창립에 많은 힘을 기울인 공로자이며, 일제강점기 상해 임시정부에 독립자금을 지원하는 흥동장학계(興東獎學契)의 일원이며, 이외로 비밀리에 독립운동자금을 지원했음은 알만한 세교의 집안에서는 다 아는 공공연한 비밀이다. 또한 그는 동아일보 창립 시에는 발기인으로 활약하였으며 무상주 3만주를 기증하기도 했다, 육영사업, 장학사업, 장학사업에도 활발히 지원하였다. 요즈음 일부 몰지각하고 편협한 종북좌파들은 현대사를 자의적으로 난도질함은 물론 금하선생을 비롯 민족사업에 헌신한 분들을 자의적으로 겉만 보고 '친일파'라고 몰아 붙이는데, 이런 분들까지 '친일파'라고 몰아부친다면 이 땅에서 일제강점기를 살다간 사람치고 친일파 아닌 사람이 없을 것이다. 이런 경우는 본서 제4장을 참고하기 바란다.
[89] 회천 김재종(晦泉 金在鍾)은 필자의 증조부로, 송사 기우만(松沙 奇宇萬)의 애제자이며, 인촌 댁과는 고향에서 알만한 세교의 집안이었고, 인촌의 아버지와 나이 차이는 있으나 친한 사이였다. 필자가 어렸을 때부터 조부로부터 집안에서 전해들어 온 이야기가 있다. 보성전문(인수 때인가 석조 도서관 건립 때인가 잘 모르겠음)과 동아일보를 설립할 때, 설립 관계인이 자금모금 차 관계인이 고창 지방에 왔다 한다. 필자의 본가에 관계인이 내방하여 보성전문의 경우 취지를 설명하자 김재종은 선뜻 벼 600석(石)을 희사했고 동아일보 설립 때에도 역시 벼 600석(石)을 내놓았다고 한다. 관계인이 영수증(필자주 : 주식청약서)을 발부하려고 하자 필자의 증조부는 아는 집안에서 민족을 위해 좋은 일하는 데 영수증이 무슨 소용이 있냐며 거절했다고 한다. 그는 평상시나 흉년시에도 인근 주민들에게 많은 구휼(救恤)을 하였음은 물론 도산초등학교 설립에서도 많은 땅을 희사하였다.

군민의 재정지원이 없었던들 고창고보는 설립될 수가 없었다. 따라서 고창고보는 당시 고창지방의 부호들을 중심으로 재산세 납부 대상의 군민 합동으로 세워진 민족사학이라는 점이다.

이제 우리는 민족사학 고창고보설립에 대하여 개관하고자 한다.[90]

일본인 마스도미가 농업이민을 희망했으면서도 광활한 평야지대인 김제지방을 택하지 않고 당시로서는 벽지인 부안면 오산리를 택하게 된 것은 이유가 있었다. 즉 그는 이 망각지대가 자기가 아니면 구원의 손길이 없을 것이라고 생각하여 처음부터 순교자적인 심정에서 출발하였다고 한다.

그리하여 오산(鰲山; 고창군 부안면)리를 정착지로 하여 서기 1911년 12월 11정보의 땅에 사과밭을 마련하여 3,500그루의 사과나무를 심었다. 그의 농장운영계획표에 의하면 서기 1920년에서 1927년도까지 5천원 내지 22,300원의 연간 수익을 예정 계획으로 하고 있으며 과수원 수입으로 학교 경영과 자선 병원을 운영할 계획이었다.

이러한 배경하에서 서기 1912년 11월 21일 '흥덕학당'을 설립하였다. 그리하여 임시로 마련한 가교사에 전임 교사를 초빙 보통과의 과목을 가르쳤으며 처음 학생 수는 17명뿐이었다. 이에 앞서 동년 4월에 마스도미 본인은 일본의 고베 신학교 본과에 입학하고 동년 9월에는 양태승, 윤치병, 김영구 세 청년을 자비로 동교 예과

---

90) 金璟植, 高敞의 敎育, 高敞郡, 1995, 225~232면을 정리한 것이다.

에 유학시키기도 하였다.

서기 1917년에는 이들 3명의 청년이 귀국하므로 오산교회를 세우고 윤치병은 교회를 맡게 하고 김영구는 전도 그리고 양태승은 주일학교 일을 맡게 하였다. 서기 1918년에는 2월에 홍덕학원을 폐지하고, 그 대신 동 3월에 교사를 신축하고 홍덕학원 졸업생 중 8명을 모집하여 동년 4월에는 사립 '오산보통학교'를 설립해서 비로소 소학교 교육과정의 정규학교가 된 셈이다.

마스도미는 더 나아가 조선인의 계발은 교육과 신앙에 의하지 않으면 안 된다고 통감하고 오산보통학교의 졸업생을 더 교육시키고자 서기1919년 4월 14일에는 다시 7명의 추가 모집으로 사립 오산고등보통학교를 설립하여 제1학급을 편성, 중학교까지 경영하게 되었다. 서기 1920년에 이르러서는 최초의 30명의 학생을 수용했다. 마스도미가 오산학교를 설립한 것은 덴마크의 구룬드비히가 설립한 고등공민학교를 모델로 하여 조선의 농촌을 개발하려 했다고 한다.

그러나 오산고등보통학교를 유지하기 곤란하여 그 해 가을 폐교를 선언하고, 보통학교는 당국의 호의로 서기 1923년 4월 오산공립보통학교가 되어 교사 등 일체를 기부의 형식으로 군에 인계하게 되니, 이로서 마스도미는 육영 사업에서 손을 떼게 되었다.

마스도미가 오산고등보통학교의 운영에서 손을 떼자 당시 오산고등보통학교 교장으로 재직하던 양태승은 학교경영 인수인을 찾아 나섰다. 그러나 한 개인이 학교를 인수한다는 것도 어려운 일임을 잘 안 그는 내심 재단법인체를 구성하여 고창민립학교 설립을 구상하고 열성적인 유지들과 행정력을 동원하면 가능하리라 생각하였다.

그리하여 학교운영을 계승해야 했는데 군민 유지들의 열성적 참여로 과도기적이나마 운영을 계승하기 위하여 재정 염출과 운영체를 만들어야 했다. 우선 제1차로 군내 1천석꾼 이상의 재력을 가진 재력가 13명을 규합하여 1만 원씩 부담금을 각출하고 마스도미가 폐교에 임하여 만일의 경우에 전 재학생들의 학업을 계속시켜 중학교육을 완성할 수 있도록 계산한 학비 보조금 1만 5천원을 합하여 14만 5천원을 조성하였다. 당시로는 20만 원이면 중학기성 학교법인이 성립될 수 있었으니 학교 존속의 확신성은 얻은 셈이었다.

양태승은 당시 고창군수 천장욱, 군내유지 강대직, 홍종철, 김재종, 오자환, 이형승, 이휴열, 최용균 등의 지지와 찬동을 얻어, 서기 1922년 2월 2일 고창군민대회를 열었다.

당초에는 20만원을 목표로 하였다가 좀 더 큰 목표를 위해 30만원을 설정하였다. 그리하여 앞에 말한 20만 원으로는 부족하여 마침내 전 군민으로의 확대를 보아, 군민으로서 군내에 소유한 토지의 법정지가의 100분의 6.50 즉 백 원에 대하여 6원 50전이라는 근거가 산출되어 학교기금 30만원, 교사 건축비 5만원 계 35만원을 조성할 것을 군민대회의 만장일치로 결의 하였다. 또한 부담액은 서기 1922년 2월 1일자 현재로 본 군내에 거주하는 조선인에 한한다고 못 박고 있다. 이러니 고창고보의 창립의 실질은 '고창군립'이라 할 것이다.

　고창 군민대회 당일부터 다시 천장욱 군수실은 고창고보 유지 문제를 위한 회합장소가 되어 전 행정력을 동원, 토지대장의 정비와 거출금 부담액 책정 작업에 들어갔다.

　서기 1922년 2월 10일에는 고창고보 유지문제를 위한 존치 위원회를 조직하게 되었다.

　그리고 동년 3월 9일에는 일체의 학교시설에다가 부담금을 합한 거액의 기부금을 조성하였다. 이어 12일과 27일에는 계속 열린 존치집행위원회의 결의에 따라 동년 4월 10일에는 집행위원 외에 각 면의 유지를 합한 확대집행위원회를 열어 거출금 산출을 위해 거출자를 등록하였던바 영세성을 면할 길이 없었다. 그러나 마침내 영세 거출 액자 3천 명분의 거출금을 홍종철이 단독 부담한다는 쾌락을 받아 교육계 일대 낭보라 하여 널리 전하고 그 다음 달인 동년 5월 4일 역사적인 고창고등보통학교의 설립준비위원회 성립을 보았다.

　고창고보 존치집행위원회는 동년 6월 1일의 회의에서 재단법인 고창고등보통학교 설립준비위원회로 개칭하고, 동년 12월 28일 거출금 확정을 위한 군민 유치대회를 가지니 2월 2일 역사적인 고창군민대회는 완성을 보게 된 것이다.

　당시 거출금 마련에 있어서 자기 소유 토지 법정지가 비율에 따라 기부한 사람은 무려 5천 5백여 명에 달하였다. 말하자면 5천 5백여 명이 교주인 셈이다. 당시 고창의 인구가 14만 명으로 자기 소유의 토지를 한 평이라도 가진 사람이면 거출에 참여하고 실질적인 교주가 된 셈이다. 실로 민중의 학교로서 고창의 자랑이 아닐 수 없다. 이때 모은 35만원 중 20만원은 학교 설립 운영자금으로 하고 5만원으로 고창읍 교촌리 현 고창고등학교의 자리에 붉은 벽돌집 2층 연건평 290평의 웅장한 교사를 신축하게 된 것이다.

당시 국내 사학의 몇몇 경우를 보면, 민간인이 경영하는 사립학교로서는 서울의 중앙학교(당시 비정규 학교였음)는 본 고장 출신 인촌 김성수가 자기 개인 재산으로 운영하였다. 또한 휘문학교(徽文學校)는 당시 최고 갑부인 민영휘(閔泳徽)가 역시 개인재산으로 운영하고 있었다. 정주(定州)의 오산학교(五山學校)는 남강 이승훈(南岡 李承薰)이 경영하였으나 재정부족으로 평북일대의 지방 유지가 그때 그때 합조하여 늘 불안한데다가 남강의 독립운동 참여로 학교 운영만은 그 존폐가 불안정한 상태였다. 이러한 상황에서 보면 고창고보의 재건은 민간 사학으로선 퍽 의미 있는 일이 아닐 수 없다.

위와 같은 과정 속에서 고창군민(高敞郡民)은 서기 1922년 4월 1일 폐교를 선언한 사립 오산고등보통학교(鰲山高等普通學校)를 인수하였던바, 당시 학생 수는 제 4학년까지 총 180명이었다. 그리고 초대 교장으로 오산고등보통학교 교장이었던 양태승을 그대로 교장 대리에 임명하였다.

서기 1922년 6월 3일 고창고등보통학교(高敞高等普通學校)는 오산리의 오산고보의 학생을 인수하여 고창읍(高敞邑)에서 개교하였다. 처음에는 향교의 명륜당과 사마재를 사용하였으니 4학년 4

학급 180명의 학생을 수용하기엔 너무나도 비좁았다. 배움에 굶주려 모여든 하생들이라 환경이 문제가 되는 것은 아니었다. 책상 없이 맨 바닥에 앉고, 서고 하여 공부하였다.

서기 1923년 4월 1일 학급편제에 있어서 제1학년으로부터 제5학년까지 처음으로 갖추고 교원의 충원, 설비의 확충 등을 완비하여 면목을 일시하였다.

동년 7월 7일자로 본교 기본재산으로 재단법인 고창고등보통학교의 설치인가를 받았고 서기 1923년 7월 7일자로 교명을 정식으로 '고창고등보통학교'로 개칭하여 인가를 받았다. 동년 12월 1일부터는 향교의 명륜당과 사마재가 비좁아 모양 성내에 위치한 구 고창군 청사를 임시 가교사로 사용하기 시작하였다. 12월 10일에는 고창읍 읍내리 성산기슭에 터를 골라 부지 7,346평에 신축교사 290평의 공사를 착공 서기1925년 6월 25일 본관 1동의 준공을 보게 되었다.

서기 1924년 3월에는 고창 땅에서 처음으로 제1회 졸업생 7명을 그리고 그 다음해에는 제2회 졸업생 9명을 배출하기 시작하였다. 제1회 졸업생 7명의 지역분포를 보면 고창 2명, 서울 1명, 경기 1명, 경북 1명, 평북, 1명, 평양 1명의 출신이었다. 제1회 졸업생의 지역분포가 예시해 주듯 역대 고창고보 학생들은 13도에서 모여 들었다. 이러한 상황은 당시 교사였던 심준섭이 작사하고 현재명이 작곡한 고창고보의 교가에서도 말해주고 있다.(일절만 소개한다.)

갈재맥 받아온 성산기슭에
우뚝이 서있는 웅대한 집은
빼나고 씩씩한 쾌남아들이
나날이 자라나는 고창밭일세
(후렴) 이 밭에 자라난 보리
십삼도 근역에 두루 퍼지고
이 밭에서도 자라난 보리
온 세계 곳곳에 씨가 되겠네, 씨가 되겠네.

(참고) 제2절에서는 "임술(壬戌)의 봄빛이 성산에 들 때……"라는 가사기 있는데, 그 '임술'은 임술년을 가리키는 것으로, 서기 1922년이 임술년이다. 이를 보더라도 고창고보의 창립연도는 서기 1922년이다.

초창기의 교사들은 13명이었다. 즉 양태승(교장 대리 : 설립에서부터), 이종오(이화학, 생물, 실업), 송태회(국어, 한문), 심준섭(일어, 교무주임), 김연건(영어), 이혁(일어, 일본역사), 유찬식(수학), 정인승(영어), 이병학(체육), 홍순복(영어), 이세종(생리위생, 교의), 진규상(서무, 고창군에서 옴) 그리고 일본인 교사 1인(일어)으로 구성되어 있었다.

이들 교사는 당대에 전국에서 이름 있는 교사들이었다. 이 중에서도 특히 송태회, 유찬식, 정인승, 이병학은 더욱 유명하였다.

송태회(宋泰會)는 동몽진사(童蒙進士)로서 서예에 능하였으며, 9세 때 쓴 글씨는 청나라 원세개가 가보로 삼겠다고 할 정도였으며, 성균관에서 공부할 때 성균관생들이 올리는 상소문은 혼자 도

맡아 썼다고 한다. 그는 자기가 담당한 시간에 조선역사와 한글을 가르치도 하며 특히 황의돈이 쓴 조선역사를 중심으로 가르치며, 풍부한 야화와 야사를 곁들여 민족혼을 불러 일으켰다.

유찬식은 일본 동경물리학교의 괴재였던 바, 당시 중앙학교에서 초빙하려 했던 사람이며, 정인승은 전북 장수출신으로 연희전문의 수재로 미국 유학의 길을 단념하고, 부임한 인물이었다. 그는 수업시간에 은밀히 한글 맞춤법 통일안을 강의하기도 하였다.

이병학은 일본체육전문학교 출신으로 재학시절 평양축구단을 인솔하고 서울에 원정하는 등 솜씨를 보여줬고, 고창고보에서는 덴마크 국민보건체조를 보급한 사람이다. 광복 후에는 고려대 교수로 재작하면서 건국 후 최초의 올림픽이었던 런던 올림픽 대회때 한국대표 선수 단장으로 활약하기도 했다.

서기 1926년 4월 23일 본관 건물 낙성식에는 당시 조선총독 이이도가 참석하였다. 물론 당시 명예교장이었던 마스토미(오산학교 설립자)의 친분관계로 참석한 것이지만, 벽지인 일개 사학 본관 낙성식에 참석한 것은 특기할 일이다. 그는 "本立而道生"이라는 《논어(論語)》 학이(學而)편에 나오는 글귀를 써놓고 갔다. 이이도는 식민지의 통치자였지만 그가 써놓고 간 글귀는 낙성식에 퍽 의미 있는 일이었다.

고창고보 성립 발전 과정에서 특기할 것은 서기1934년 전주신흥학교 전 교사와 학생의 전입사건이다.

전주신흥학교는 일제의 신사참배 강요에 거부하자 폐교를 당하였다. 이리하여 서기 1934년 9월 25일 전교생과 교사는 일체의 학교비품까지 옮기며 고창고보에 통합하였다. 신흥학교 교사와 전교생이 고창으로 오던 그날은 고창고보의 교사와 전교생이 길 양쪽에 도열하여 박수로 환영했다.

고창고보는 폐교당한 신흥학교 전체의 학생과 교사를 포용했음은 물론, 전국 어느 학교에서나 사상운동으로 퇴교당한 학생을 받아 주기도 하였다. 본교 13회 졸업생 정범석(국민대 총장 역임)도 진주공립 고등보통학교 재학시 일제식민지 교육정책에 반대하여 동맹휴학을 시도하다가 구속되어 퇴학당하였던 바, 바로 고창고보에 전입한 학생이었다. 그는 후일 증언하기를 모교 고창고보는 항일학생이면 기꺼이 받아주었고, 학교교육이 올바른 민족교육이었고 교사, 학생들이 비록 영어단어나 수학에서 수식을 푸는 데 다소 서투른 경우가 있다 해도 애국적인 민족정신은 그 어느 학교보다 어느 졸업생보다 우수했다고 하였다.

주권상실기인 일제강점기에 남한과 북한의 대표적인 민족사학을 말할 때, "남선에 고창고보, 북선에 오산고보"라 일컬었다. 양교는 당시 대표적인 민족사학이었다는 사실 외에는 아무런 관계가 없었다. 그런데 20여 년 전 조문석상에서 오산고보 출신을 만난 일이 있다. 그런데 옆에 있던 필자의 사제(舍弟)가 필자를 저의 백형이라고 소개하며 고창중 출신이라 고 하자, 그 오산고보 출신은 생전 처음 대하는 필자를 "김동지!"하고 덜컥 포옹해주었던 일이 있었다. 오산고보 출신이 왜 고창중 출신을 '김동지!' 하며 포옹했을까?

제3장 교단의 항일민족교육가

주권침해기나 상실기에 민족사학이나 기독계 학교의 조선인 교사는 물론 파란 눈의 선교사인 교사까지도 그 누구를 막론하고 내심 항일 교육자 아닌 사람이 없었다. 공립학교에서 조차 뜻있는 항일민족교육 교사가 많았음은 여기에 모두 기재한다는 것은 불가능한 작업이다. 예컨대, 필자는 광복되던 해 그 당시로서는 초등학교를 '국민학교'라 했지만, 그 때 1학년 이었다. 당시 담임 선생님이었던 김석천(金錫天)[91] 선생임은 우리에게 가끔 수업시간에 한글을 가르쳐 주시다가 일본인 교장이 교실 근방에 오면 노트를 모두 책상 안에 넣도록 한 것이 지금은 희미하게 기억되고 있다. 어찌 이뿐이랴, 우리는 여기서는 예시(例示)로서 민족사학으로 출발했지만 곧바로 일제 당국에 의해 공립학교로 된 광주서중학교의 송홍(宋鴻)과 민족사학으로 애당초 출발하여 일제 말기에 일제 당국에 의해 강제로 공립학교가 된 민족사학 고창고보의 항일민족교사였던 정인승(鄭寅昇) · 송태회(宋泰會) · 신태수(申泰洙) 선생을 소개하고자 한다.

---

91) 김석천 선생님은 시인으로 필자의 선고와 친구이며, 광복되던 해 당시 고창군 고창면 도산리 소재 도산국민학교에 근무하였으며, 6.25동란 후 고창여자중학교와 고창여자고등학교에서 근무하다가 정년 퇴직하였다.

제1절 광주고보의 민족교사 송홍(宋鴻: 서기 1872~1949) 선생[92]

 운인 송홍(雲人 宋鴻)은 서기 1872년 전남 화순군 도암면(道岩面) 운월리(雲月里)에서 수헌 송용진(睡軒 宋容鎭)과 나주 임씨 부인 사이에 차남으로 태어났다. 운인(雲人)은 그의 아호(雅號)이다. 운인의 가계를 보면 본관은 신평(新平)으로, 중세조에 조선조 세종 때 사간원(司諫院) 정언(正言), 사헌부(司憲府) 집의(執義), 순창군수를 역임한 송자은(宋自殷) 공의 후예로, 고조부 상구(相龜)는 통훈대부로 승정원 좌승지 겸 경연참찬관이었으며, 증조부 환묵(桓黙)은 호조참판 겸 오위도총부 부총관으로 증가선대부(贈嘉善大夫)였으며, 조부 재함(載涵)은 가선대부로 동지중추부사였다. 이에서 보듯, 그의 가계는 조선조 후기 가히 명문이었다.

 운인 송홍 선생은 천성이 효우(孝友)하고 자질이 수미(粹美)하며, 강직 영명하였고 어릴 때부터 뛰어나 장래가 촉망되는 신동(神童)이라 찬사를 받았다. 그의 학문적 배경은 유학(儒學)의 엄격한 가계에서 성장하여 명문답게 정직, 예의, 근면의 가훈을 익히며 평생동안 정로(正路)를 향한 인생관을 가졌다. 운인은 한말 절신(節臣)인 문충공(文忠公) 송병준(宋秉璿)에게 사사(師事), 학문과 애국충절의 감화를 받아 민족정신이 투철한 애국지사로 성장하였다.

---

92) 광주제일고 동창회, 광주고보·서중·일고 65년사(서기 1920~1985), 1986, 85~88면('제2장 民族의 스승 송홍(宋鴻)선생')참조

서기 1905년 을사늑약후 일제의 흉계는 갈수록 노골화하여, 무력을 앞세운 정치 외교적 침탈은 물론 경제적으로도 거점을 확보하려 수단 방법을 가리지 않았다. 그 당시 한 일본인 상인이 우리 국토의 산림과 하천부지 등을 50년 기한으로, 전부 차용 하려는 계획을 수립하여 정부 당국괴 교섭 중이었다. 이것은 말이 좋아 황무지를 개간한다는 미명하에 우리 국토의 잠식을 꾀하는 것이었다.

 이 사실을 알게 된 운인 송홍은 전 승지 윤병(尹秉), 이범창(李範昌), 홍필주(洪弼周), 이기(李沂) 등과 함께 공론(公論)을 일으키고, 남촌(南村)의 초동(草洞)에 소청(疏廳)을 설치, 5차에 걸쳐 그 불가함을 상소하기도 했다. 그러나 조정에서는 '그 일은 취소되었다.'는 등 막연하게 나오자, 운인은 몇 명과 더불어 다시 대한문 앞에서 엎드려 항소하고, 황제의 윤허를 종일토록 읍소(泣訴)하였으나, 막연히 물러가면 선처하겠다는 등 막연한 답변뿐이었다.

 당시 대한문 앞에는 통곡의 소리가 진동하였고, 삽시간에 수 많은 인파가 몰려들어 이에 일본 헌병대가 출동하여, 전원 체포되는 등 힘 없는 나라의 정체만 드러나고 말았다.

 일제 헌병대에서 10여 일만에 풀려난 운인은 그 비분을 참지 못하려 해외로 떠나 중국의 천진, 북경, 상해 등을 전전하면서 그곳의 정객들과 교유, 세계 대세를 논하고 구국의 길을 모색하였다. 그 결론은 새로운 학문과 문명을 도입하여 정치사회의 개혁을 단행하는 길이었다. 민족에 진로에 대한 확신을 얻은 운인은 서둘러 귀국하여 교육개혁방안을 제시하고, 그 실천에 노력하기도 했다. 그러나 여러 가지 원인으로 좌절되고 말았다. 그러나 운인은 그 자신만이라도 후진양성을 위해 교육에 헌신하겠다는 결의와 신념 하에, 서기 1908년 개교한 광주보통학교(현, 광주 서석초등학교)에서 교단생활을 시작하였다.

교단생활 불과 1년인 서기 1910년 경술국치가 벌어지자, 그 힘없는 나라는 주권마저 상실하고 말았다. 이리하여 운인은 교단을 떠나기로 하기도 했으나 민족의 먼 앞날을 생각하여 민족문화의 선두에서 투쟁하기로 하고, 10여 년의 민족교육에 전념하였다. 그리하여 광주농업학교(光州農業學校)가 설립되었을 때는 그곳의 교사로, 광주사범학교(光州師範學校)가 개교되었을 때는 다시 그곳으로 옮기면서, 혹독한 일제의 강압정치하에서도 배일(排日)사상과 조국광복을 위한 독립정신을 꾸준히 학생들에게 길러 주었다.

서기 1919년 3·1운동이 일어나자 운인은 분연히 일어나 동포에게 보내는 격문(檄文)을 지었고, 이로 인하여 일제 헌병의 체포령이 내려 미국으로 망명하였다. 3·1운동후 일제는 이른바 문화정치로 그들의 식민정책을 바꾸어 광주고등보통학교(光州高等普通學校)가 설립되어, 운인인은 다시 귀국하여 동교 교사로 전임, 민족혼을 불러 일으키게 되었다.

서기 1929년 11월 3일 역사적인 광주학생독립운동이 일어나 광주고보(光州高普)의 거의 전교생이 검거, 수감되고 퇴학처분 등의 비극이 계속될 때, 운인은 병을 핑계로 장기결근으로 저항하다가 마침내 강요로 퇴직 당하였다.

서기 1930년 2월 8일 20여년간의 교직생활을 마치고 운인은 고분당(孤憤堂)이라 스스로 이름지은 광주시 서동의 초라한 자택에 은거, 두문불출하고 오직 독서와 집필, 서도(書道)연마에 전념하였다. 그는 서기 서기 1945년 광복이 되자 다시 광주서중(光州西中) 교단에 다시 섰고, 광주의대(光州醫大)에서 한국사(韓國史)를 강의하였다. 그러나 이미 팔순의 노구가 되었고 조국은 광복은 되었지만 아직 나라의 기틀이 잡히지 않아 혼란의 와중에서 앞을 예측할 수 없었던 서기 1949년 6월 18일 78세로 세상을 떠났다.

　운인은 한말의 거유(巨儒)로 근사속록(近思續錄), 십조봉사문(十條封事文), 무완만집(武浣謾輯) 등 24권의 유고를 남겼다. 이들은 모두 애국충절로 가득찬 소(疏), 격문(檄文) 등이었다. 또한 운인은 평생동안 기록한 일기가 두 권이 유고(遺稿)[93]로 전해지고 있다.

　운인은 광주고보 개교이래 한문(漢文)과 한국어(韓國語)를 가르쳤던바, 운인의 영향력은 절대적이었다. 운인은 서기 1929년 광주학생운동이 일어나고, 일제에 의해 강제 퇴직 당했지만 온갖 감시와 탄압을 두려워 하지 않고, 학생들에게 민족혼을 고무 고양하는데, 일관하였으며, 광주학생독립운동의 정신적 원천이었다. 운인은 투철한 한국인의 전형이었고, 오직 이 민족을 위해 일생을 바친 지사(志士)요 민족의 스승이었다 할것이다.

---

[93] 동 유고는 임선호(林善鎬), 변진복(邊鎭福) 등 운인의 제자에 의하여 《雲人 宋鴻先生 遺稿》로 발간되었음)

제2절 고창고보(高敞高普) 민족교사
정인승(鄭寅承; 서기 1897~1986)[94] 선생과 한글교육

정인승은 전북 장수 출신으로 주권 상실기인 일제 강점기엔 조선어학회 상임이사, 《큰사전》에 전념, '한글 맞춤법 통일안'의 수정 및 기초위원으로 활동하였고, 광복 후로는 국어 강습과 편찬에 진력하였으며, 전북대학교 교수 및 총장과 중앙대 교수를 역임하였다. 서기 1963년 7월 15일에는 학교문법의 품사 체계와 용어를 통일 시키는데, 핵심적 역할을 하는 등 학교문법의 통일과 확립에 공헌하였다.

정인승은 서기 1925년 3월 연희전문(현 연세대) 영문학과를 뛰어난 성적으로 졸업하고 미국유학의 길을 택하여 스칼라쉽을 얻고 비자 발급을 기다리면서, 잠시 개성 송도고보(松都高普)에서 봉직하기로 결정하고 있던 중, 고창고보 양태승 교장과 대담하고는 도미 유학을 접고, 고창고보에서 영어 담임교사로서 10년 근속하였다.

그는 고창과 같은 벽항의 시골 학교에서 영국식 발음으로 내실 있고 수준 높은 수업을 전개하였다. 암기하고, 외어 쓰기에 공부를 하지 않고는 못 배겨, 영어 과목은 당시 유찬식 교사의 수학과 더불어 유급생들의 원한의 고개였다.

정인승이 근무하던 그 기간은 일제 강점기 이른바 문화정치시기

---

94) 김경식, 일제 강점기 民族私學 高敞高普, 고창군, 2019, 317~319면 참조, 고창고등학교·중학교동창회, 고창중고 60년사, 1979, 404~409면 참조.

였다. 당시 일제 식민지 교육정책은 조선인의 격화된 반일감정을 무마하려는 유화책에 불과할 뿐, 그 기저에 깔린 동화주의(同化主義)와 차별주의(差別主義)에는 변함이 없었다.

오히려 기만적인 회유정책은 '일시동인(一視同仁)', '내선일체(內鮮一體)', '일선융화(日鮮融和)', '내지준거주의(內地準據主義)', '내지연장주의(內地延長主義)' 등의 정책 슬로건을 내세우면서, 우리 민족에 대한 동화주의 교육에 박차를 가하는 결과가 되는 시기였다.

이러한 시기에, 일제는 우리 말을 말살하려고 학과 비중을 가볍게 한다는 구실을 내세워, 조선어 및 한문은 일본어 및 한문에 비하여 수업시수가 1,2학년 3:8, 3학년 2:6, 4,5학년은 2:5로 하였다.

당시 한글은 일제 탄압정채의 희생물이 되어, 일정한 통일 없이 버려져 학술적인 체계도 없이 혼탁해 감에, 일제는 우리 말의 말살을 서두르자 당시 조선어학회에서는 한글통일안을 완성시키는 데 온 노력을 경주하였다. 그리하여 주시경(周時經)은 서기 1933년 10월 29일을 기하여 '한글맞춤법통일안'을 완성하여 발표하기에 이르렀다. 동 통일안은 한글학자 이윤재를 비롯하여 18인의 이름으로 공동 발표되었는데, 동 통일안의 완성을 위해 200여회의 회의를 개최하고 500시간의 토의를 거친 산물이었다. 동 통일안의 그 첫 머리에서 "대체로 현재 중류사회에서 쓰는 서울말을 표준으로 삼고……"라는 원칙에 따라 만들어진 것이다고 하였다.

이러한 상황 하에서 정인승은 동교 송태회(송태회(宋泰會)가 담임하던 조선어 시간을 이어받아 한글맞춤법통일안이 확정되기 전인 서기 1932년부터 그가 동 교를 사직할 그다음 해인 10월 20일까지 '한글맞춤법 시안(試案)'을 마련하여 2년간 가르쳤다. 자기의 담당인 영어 시간만 해도 힘들었지만, 6학급에 3시간씩 수업시간을 추가하여 수업하였다. 이처럼 첫 시간부터 6교시 마지막까지, 더구나 복도까지 뒤따라오며 질문하는 학생들의 열의와 함께 정인승의 한글 수업은 참으로 내실 있는 수업이었다.

당시 고창고보는 정인승의 민족적인 열정으로 만글맞춤법을 배우기 시작하여, 마침내는 그 다음 해인 서기 1933년 10월 29일부터는 '맞춤법 통일안'을 배우게 되었다. 이리하여 당시 전교생 250여 명은 가슴마다 한글 공부를 통한 교재로 사용한 동 '한글맞춤법 통일안'은 정인승 자신이 서울에서 사 온 것으로서, 이것을 학생들에게 나누어 주며 일제가 언제 어떤 방법으로 말살하려 나올지 모르니 잘 간직되어야 하는 귀중한 책이라 하시며 당부하던 책이었다.

당시 일본인 교사를 제외하고는 전 교사들도 동 통일안을 마련하여 하교 시에 강습을 받아, 이러한 한글공부의 운동은 삽시간에 번져 보통학교의 교사들의 강습소가 생기고, 고창은 정인승의 한글 공부 바람이 물결을 치듯 했다. 이것이야말로 민족의 언어교육을 통한 민족의 얼을 지키자는 구국운동의 한 모습이 아니겠는가?

일본어 사용과 조선어 말살을 꾀하던 일제는 서기 1942년 10월 1일 이른바 '조선어학회' 사건을 일으켰던바, 이윤재, 최현배, 이

희승, 정인승 등 11인을 체포되고, 물적 증거로 《큰사전》 원고를 모두 압수되어 홍원경찰서로 송치되었던 바, 조선어학회는 불의의 고통을 받았다. 동 사건에 정인승의 애제자 권승욱(고창고보 12회) 까지도 연루되어 옥고를 치르기도 했다.

광복이 되어 노 학자들은 출옥되어 기동조차 어려웠으나, 정인승은 서울 수송동에 '한글학회' 간판을 걸고 우리 말 재건에 나섰다. 동 학회 사무실에는 전화나 또는 직접 방문하여 한글 교사를 구하려 많은 교육계 인사들이 모여 들었다. 당시로서는 정인승의 교육을 받았던 고창고등학교 졸업생이라면 누구나 충분하였다.

따라서 서신으로 또는 인편으로 고창고보 졸업생 집중 발굴이 벌어지기도 했으니 참으로 장관이었다. 당시 학회 사무실에서는 함경도에서 상경한 신태수, 권승옥, 신한철(고창고보 5회), 한갑수(고창고보 제10회) 정인승을 돕고 있었다. 정인승은 대학에서 한글을 지켜 강사로 출강하고, 한글학회를 지킴은 물론 세종대왕 능 앞의 한글반포의식을 생을 다하는 그 날 까지 지켜나갔다.

제3절 고창고보 민족교사
송태회(宋泰會, 서기 1971~ 1942) ·
신태수(申泰洙, 서기 1896~1982) 선생과 국사교육[95]

염재 송태회(念齋 宋泰會;서기 1871~1942)는 전남 화순군 의남면 사평리 출신이다. 염재는 어려서부터 총명하여 향리의 서당에서 한문과 한글을 배우기 시작한 그는 한학에 통달했고, 서예에 뛰어났다. 그가 9세에 쓴 한문 글씨의 작품은 청나라의 원세개가 탄복하여 가져갔다는 일화는 유명하다. 그는 16세에 성균관 과시에 합격하여 '동몽진사(童蒙進士)'라는 별명이 있었다.

서기 1893년 11월에는 청나라 이태(哩台)항에 만유하면서 동양화를 연구하기도 했으며, 서기 1909년 7월부터 전 대한매일신보 기자를 잠시 역임한 적도 있고, 그 이듬해에는 보성군 사립 보성학교와 능주의 시립 육영학교, 순천의 송광사 사립 보명학교에서 한문과 교원으로 근무하는 한편 일본 와세다(早稻田) 중학강의록을 수업하기도 했다.

염재는 서기 1920년 5월 당시 오산보통학교 교장대리 양태승과 동향인 인연으로 한문교사로 특히 초빙 되었던 바, 서기 1922년 민족사학 고창고보가 폐교를 선언한 오산고등보통학교 교사와 학생을 인수하면서 고창고보 교사로 부임하였다.

---
95) 고창고등학교 · 중학교동창회, 같은 책, 508~511면 참조. 김경식, 같은 책, 319~322면 참조.

일제 강점기 이후 교육과정에 있어서, 일제는 조선의 '국어'와 '역사 및 지리' 교과를 각급학교의 교육과정에서 배제함으로써 한민족의 역사의식과 민족의식을 말살하려 했다. 당시 교육과정에 있어서 '국어'란 '일본어'를 치칭하고 우리의 국어를 '조선어', '역사'란 '일본사(日本史)'를 지칭한 것이다. 이리하여 우리의 역사인 조선사(朝鮮史)는 아예 배제하고, 다만 조선에 관한 사항을 상세히 한다 했지만, 그것은 일제 자신들의 문화에 관련된 부분에만 한정하고 있으니, 이는 결국 한민족의 삶의 궤적을 부정하고, 그러함으로써 한민족의 얼을 말살시키자는 것이었다.

염재는 당시 이러한 상황하에서 고창고보의 초기부터 한문과 국어와 고전을 가르치면서도, 우리의 역사책인 황의돈(黃義敦)이 쓴 《조선역사》를 중심으로 우리의 역사를 가르쳐, 우리 민족의 뿌리와 정신을 통한 한민족의 얼을 견지하게 하였다.

한편 서기 1927년 9월 부임한 당시 '역사' 담당이었던 동료 교사 신태수(申泰洙;1896~1982, 건국대학교 총장 역임)도 역사 시간에 일본사(日本史)를 가르치는 척 하면서, 조선의 역사를 가르쳐 민족의 혼을 각성시켰다.

당시 보통학교에서는 5,6학년이 되면, 일본인 교장은 이른바 '국사(國事)'라 하여, 왜곡된 일본역사를 가르치며, 우리의 역사를 날조하여 견강부회(牽强附會)하는 거짓 역사를 가르쳤는데, 고창고보에서는 일본역사 시간에 책을 읽어주고 덮으며 "사실은 그게 아니라……"하며 고쳐서 가르치던 엄청난 사실들은 일제에 대한 분노를 자아내는 선동이자 민족의식 각성의 촉구이었다 할 것이다.

일본인들은 개국(開國) 연대에 있어서도, 몇 백 년의 가짜 숫자가 끼어들어 있고, 반면에 우리 역사의 연대를 줄여, 저의 나라 역사의 유구함을 주장했다. 이런 것들을 당시 고창고보 염재를 비롯한 역사담당 교사들은 가르치면서 잘 못된 것을 지적해 주어 학생들은 일본 역사의 허구성을 인식하게 되었고, 그에 따라 강한 민족의식을 인식하기에 이르렀다.

염재 송태회 같은 교사는 조선조 최근세사의 산중인이었으니, 한문(漢文)과 조선역사(朝鮮歷史)의 실감 있는 강의는 학생들에게 많은 감명을 주어 미족의 혼을 깨우쳤다. 교사 신태수는 일제가 펴낸 '일본역사'는 수업시간에 의례 펴지도 않고, 이순신(李舜臣) 장군의 《난중일기(亂中日記)》 등 사실적인 우리의 역사를 강의해 모교에 대한 사랑과 민족에 대한 사랑의 마음을 갖게 했다.

이리하여 당시 고창고보 학생들은 자신들의 모교가 고창의 전 군민이 참여하여 창립한 민족사학(民族私學)이라는 데서 모교애를 발휘하고, 자랑스러워 했으며, 정규과정에도 없는 우리의 역사를 다른 과목 시간에 수업을 받음으로써, 민족의 자랑스러운 역사에 긍지를 가지게 되었다. 또한 민족정신의 자각과 민족을 위해 투신해야 할 민족의 사명을 인식하게 되었다. 그런가 하면 정인승의 한글 강의를 통해 민족의 얼을 또한 각성하게 되었다.

제4장 이른바 호남 민족교육 인사의 친일(親日) 시비에 대한 관견(管見)

들어가는 말 : 친일한 내 몸에 돌을 던져라

요즈음 일부 세력들 특히 좌파 시각을 가진 사람들은 일제강점기 당시 일제의 기관에 근무했거나 일제에 협조적인 행위를 한 일부 인사들을 이른바 '친일파(親日派)'라 매도하고 있다. 그러나 그러한 시비를 하는 자들은 친일 행위 심판의 어떠한 법적이나 사회적으로 권한이 부여된 것도 아니다. 이른바 친일행위를 규정한 자료의 대표적인 것이 민족문제연구소가 펴낸 《친일인명사전》이며, 동서는 한때는 전 교육기관이 의무적으로 비치하는 듯한 현상이었고, 그것이 좌파적인 인사들의 친일행위 비판의 유일한 근거가 되다시피하고 있다.

필자는 8.15 광복되던 해인 서기 1945년 4월 1일에 국민학교(현, 초등학교) 입학하여 8월 15일 광복을 맞이하였다. 그러니 여름방학을 제하고 나면 만 4개월간을 일제 강점기에 재학한 셈이다.

그 당시를 회고해 보면, 모든 생활의 이모저모가 엊그제인 것만 같다. 그 짧은 기간이지만 그 당시 선후배가 모두 그랬듯이, 우리는 열심히 친일(親日)하는 그 기간이었다.

성명부터 3자를 5자로 하여 '안동김경식(安東金璟植)'라는 이름표를 달고, 그냥 열심히가 아니라 매우 열심히 친일하며 학교에 다녔다. 등교하여 매일 아침 전교 조회 시간이면 운동장의 남쪽 언덕에 위치한 신사(神社)를 향하여 머리가 땅에 닿게 허리 굽혀 절을 하고 나서, 좌향좌하여 '동방요배(東方遙拜)'라여 일본 천황이 있는 동쪽을 향하여 절을 하고, 그다음은 일제 국가인 '기미가요'를 합창하면서 매일 학교생활은 시작되었다. 어린 나이인데도 한 마디 일본말을 하려 노력했고, 일본 글자를 익히기에 열심했다.

어찌 그뿐인가? 동리에서 징병이나 징용당한 아저씨가 떠나는 날, 아침에는 신작로(新作路;큰 길) 양쪽에 도열 하여 "일본 천황만세!"를 힘껏 부르며 환송의 대열에 섰다. 가끔 어른들이 관솔 기름(당시 모자라는 군용 기름의 대용으로 소나무 송진기름)을 낼 때 그 옆에서 열심히 도와주기도 했다.

그런데도 우리 가정은 참으로 이상한 가정이었다. 성장해서 안 일이지만, 내 5대조 할아버지께서는 절친한 친구였던 장성의 송사 기우만(松沙 奇宇萬)과 같이 의병(義兵)을 비밀리에 계책을 꾸미기도 했다. 증조할아버지께서는 내가 낳은 후 3주 후에 돌아가셨지만 당시 민족사학 고창고보 창립시 벼 500석을 희사했음은 물론, 동교 창립이사도 지내시며, 비밀리 상해 임정에 독립자금도 많이 냈다는 것은 알만한 집안에서는 공공연한 비밀이었다.

내 할아버지는 젊은 나이에도 동리 당시 초등학교 설립에 많은 전답을 내 놓으셨으음은 물론, 서기 1942년 여름 징병 독려 강연자로 지목되었으나, 미리 알고 친구 동생 등 5명을 이끌고 그 강연 일주 전에 갑자기 3주간 금강산 유람을 떠나 주옥같은 반일 시를 남기기도 했으며, 한 번은 유림단으로 일원으로 일본을 시찰할 때, 여럿이 짓는 시작(詩作)에서 '일본'을 '해국(海國; 섬나라)'로 표현하자, 인솔하던 당시 고등계 형사가 그 문구를 '내국(內國; 당시 일본을 그렇게 불렀다)'으로 고치라 하자, 근엄한 표정으로 그것을 반대고 그대로 시작(詩作)한 것이 동아일보에 게재되어, 당시 유림(儒林)들로부터 기개 있는 선비로 칭송되기도 했다.

그런가 하면 당시 우리 집은 주위에서 부유했던 관계로, 일제 말엽에는 이른바 비행기 헌납금도 냈고, 세금도 많이 냈다고 한다. 어찌 그 뿐인가. 어느 해 흉년이 들어서서는 같은 마을은 물론 인근 마을에 까지 쌀 수 백 가마니로 구휼(救恤)하기도 했음은 지금도 그 선한 이야기가 전해지고 있다.

필자는 이러한 배경의 가정에서 어린 나이에도 위에서 언급했던 것처럼, 열심히 친일한 어린 나이의 친일파였다. 친일행위치고 그들의 문화를 배우는 친일교육을 받는 것보다 더한 것이 어디 있는가?

눈만 뜨면 반일을 외치며, 자기들 자의적으로 일제 당시 행적을 들어, 돌아가신 분을 그 당시 불가항력적인 시대적 상황은 고려하지도 않고, 친일파로 매도하는 자들이여! 친일한 내 몸에 돌을 던져라. 하지만 이젠 어언 90을 향하고 있는 이 늙은이지만 단군의 건국이념인 홍익인간(弘益人間)의 사상을 깊이 사랑하며, 자유민주주의(自由民主主義)에 대한 깊은 신념을 가지고 있다. '홍익인간의 이념'과 '자유민주주의에의 신념'은 품고만 갈 수만 있다면 저승길에도 그러하겠다.

필자는 본 장의 호남 민족교육 인사의 친일 시비에 관한 관견(管見)을 쓰면서, 이른바 친일파를 호되게 비판하며, 우리의 국시(國是)를 부정하는 북한의 정권에는 관대함을 넘어 종북(從北)하는 세력들에게 묻고 싶다. "그대들의 아버지나 할아버지들은 일제 강점기에 민족을 위하여 과연 무슨 일을 했으며, '친일(親日)'을 모질게 비판하는 그대들은 자유민주주의 기본질서 하에서, 국민의 기본권을 지난 세대들 보다도 엄청나게 누리면서도, 과연 자유민주주에 대해서는 어떠한 신념을 가지고 있는가? 또 하나 묻고 싶다. 학생 자녀를 둔 특정 진영의 좌파 학부모들이 그들의 자녀 유학의 선호에 있어서는, 공산주의 국가 러시아 보다는 그들이 제국주의라고 모질게 비판하고 있는 미국 등 자유민주주의 선진국을 선호하고 있는 경우는 어떻게 변론할 것인가. 그것을 묻고 싶다.

또 하나 묻고 싶다. 특정 진영의 좌파들이 동경하는 중국이나 북한의 공산주의 내지 전체주의 국가가 과거 그들 국가의 정부를 수립할 당시, 정부 주요 인사는 무산계급이 아닌 유산계급 출신의 외국 유학의 고등교육을 받은 이른바 지식분자들이었다. 그 경우는 어떻게 설명할 것인가? 그걸 묻고 싶다. 이들에 대한 정확하고 합리적인 답변이 없는 한, 사이비 좌파 내지 맹목적인 종북주의자들임을 부정하지 못 할 것이다.

제1절 이른바 친일파 진상규명의 주체

이른바 《친일명사전》을 편집한 편집위원회가 소속된 단체는 '민족문제연구소'라는 사단법인이다. 따라서 편집위원회를 인식하기에 앞서 이 민족문제연구소를 이해할 필요가 있다. 동 연구소의 설립연혁을 보면, 그 태동은 서기 1989년 임종국이라는 사람을 추종하는 몇몇 사람들이 그의 유지를 받들어 그가 죽었을 때, 장례식장에서 가졌던 동 연구소설립에 대한 논의에서 태동되었다고 한다.

오늘날 각박한 학계(學界)의 풍토에서, 그것도 사제지간이 아닌 한 인물을 따르는 사람들이 그 유지를 잇기 위하여 한 연구소의 설립을 발의했다는 것은 아름다운 이야기가 아닐 수 없다. 그러나 그보다 앞서 중요한 것은 '임종국'이라는 인물의 정체이다. 그렇다면 민족문제연구소 설립의 동기를 유발한 중심인물인 임종국(林鐘國)이라는 사람은 과연 그 정체가 무엇일까?

임종국(林鐘國: 서기 1929~1989)은 문학평론가이자 이른바 친일파 연구에 상당히 몰두했던 재야 역사학자인 것으로 알려졌다. 그는 경남 창녕의 한 부유한 가정에서 태어나 고려대학교 정치외교학과를 졸업하고, 서기 1959년 《문학예술》이란 문예지에 '비(碑)'를 발표함으로써 문단에 등단하였다고 한다.

그 후 문단활동을 하다가 서기 1965년 한일회담을 즈음하여 본격적인 친일파 연구에 몰두했다고 한다. 그런데 이렇듯 한일회담이라는 대형 시국사건을 계기로 그가 친일문제의 연구에 몰두하게 된

데에는, 우연의 일치인지 아니면 사전계획적인지 알 수 없겠으나, 그가 《문예중앙》(서기 1987년 봄호)에 발표한 '제2의 매국, 반민법의 폐기'라는 다음과 같은 글에 주목할 필요가 있다. 훗날 이 글은 그가 지은 《실록 친일파》(돌베개, 1991)에서 그 책 서문으로 까지 둔갑하기도 했다.

1945년 8월 말에 나는 17세의 중학생이었다. 미군 진주 전이라 무장해제가 안 된 일본군 부대가 교정, 강당 등에 며칠간 쫓겨와 있었다.… 병사 한 놈이 내게 물었다. '우리는 전쟁에 졌다. 너는 어떻게 생각하나?' '예? 조선이 독립해서 기쁩니다.' 순간 병사는 죽일 듯이 나를 노려보았다. 그 눈초리가 어찌나 무서웠던지, 나는 얼른 변명을 했다. '그렇지만 당신네 일본이 전쟁에 진 것은 정말 안됐다고 생각합니다.' 병사는 한참 심각한 표정을 짓더니 씹어뱉듯이 내게 말했다. '20년 후에 다시 만나자.' 그로부터 꼭 20년 후인 서기 1965년 여름, 한일회담 반대 데모로 그 여름은 뜨거운 여름이었다. 20년 후에 만나자더니 정말 20년 만에 쪽발이 놈들이 다시 몰려오게 되는 구나! 그놈들은 일개 병사조차도 '20년 후에 다시 만나자'는 신념을 가지고 있었는데……

우리가 이 글에서 분명히 인식할 수 있는 것은, 당시의 일개 일본병사가 저명한 국제정치학자도 아니면서 어떻게 20년 후의 국제정세를 내다보고 있었다는 말인지, 참으로 황당(荒唐)하다는 것이다. 아마도 그것은 한일회담 당시 대학생들의 열화 같은 반대 데모 상황을 생각할 때, 임종국 자신이 굴욕적인 한일회담을 계기로 '친일파 연구'를 결심했다는 것을 강조하기 위한, 신파연극조의 수사(修辭)가 아니라고 변명할 여지가 없는 치졸한 작태인 것 같다.

또한 우리는 이 대목에서 임종국이 획책하고 있는 속셈을 읽을 수도 있는 것이다. 한일회담 당시의 실무 주역이 김종필이고, 당시의 대통령은 박정희였다. 툭 까놓고 말하자면, 임종국의 최종 속셈은, '박정희를 비롯한 당시 민족진영의 막중한 우익 인사들을 모조리 친일파'로 몰아 영원히 족쇄를 채우겠다는 것도 배제할 수는 없는 일이다. 과연 그가 죽은 후 발간된 《친일인명사전》에서는 박정희를 비롯하여 한 예로 호남의 일개 군(郡) 단위인 고창(高敞)에서만 보더라도 김성수, 김연수, 홍종철, 서정주 등 수많은 인사들을 모두 친일파로 몰아 족쇄를 채워놓고 있다.

특히 박정희는 창씨개명에 앞장서 '다카기 마사오(高大正雄)'로 개명하고 일제에 충성혈서까지 썼다고 기술하고 있다. 그러나 당시 엄격한 군률 하에 목석같이 행동해야 했던 불가항력의 일제 군인의 몸으로 행한 그의 행위에, 과연 친일파의 낙인을 찍는 것이 합당한 것인가는, 후술한 제4절 "친일행위와 기대가능성의 논리"에서 상술(詳述)하기로 한다.

그리하여 임종국은 서기 1965년 한일회담을 자의적으로 '반민족적 행위'라고 인식하고, 본격적인 친일연구에 몰두하기 시작하였고, 그 결과 이듬 해에 이른바 《친일문학론》이라는 것을 내놓았다. 그리고 서기 1970년대 이후부터는 정치, 경제, 사회, 교육, 종교, 군사, 예술 등 사회 전반에 걸친 '친일문제연구'로 확산 되었고, 철저한 자료조사를 통한 '실증적 고찰'에 힘을 기우렸다고 자신만만한 언행을 일삼았다. 그리고 그의 연구 실적이라는 것을 보면 다음과 같다.

서기 1966년 친일문학론/ '83년 일제침략과 친일파/ '84 밤의 일제침략사/ '85 일제하의 사상 탄압/ '86 일제 문학 작품선집/ '87 친일 논설집/ '88 일본군의 조선침략사 등이다. 또한 그는 자칭 친일 연구에 평생을 바쳤다고 큰소리치지만, 그는 서기 1929년생으로 1965년 한일회담을 계기로 친일 문제 연구하다 1989년에 사망했으니, 25년쯤을 친일문제에 매달린 셈이다.

아무튼 그런 활동을 한 임종국의 유지를 받들어, 서기 1991년 '반민족문제연구소'(소장: 김봉우)가 설립되고, 3년 후인 서기 1994년에는 《친일인명사전》 출간계획발표의 기자회견이 있었으며, 그 다음 해인 서기 1995년 명칭을 '민족문제연구소'(소장:이돈명)로 개명하여 이듬해 사단법인으로 설립인가 되었던 것이다. 현재 국내에 25개 지회가 있고, 해외에는 일본도쿄지회가 있는 등 상당히 방대한 조직을 갖추고 있다.

그런 민족문제연구소의 설립목표를 보면, ① 한국 근·현대 민족문제연구와 해명 ② 한일과거사 청산을 통한 역사 바로 세우기 ③ 친일인명사전 발간 등 친일문제 연구총서 편찬 ④ 통일시대 역사문화운동으로 되어 있다.

현재 동 연구소 제3대 소장은 서기 2003년부터 10여 년 넘게 임헌영이 맡았다. 동 연구소의 중심인물이었던 임헌영은 어떤 사람인가? 연구소장은 연구소 운영에 막대한 권한을 가지는 인물이라, 임헌영에 대한 정당한 인식이 필요할 것이다.

임헌영(任軒永)(본명은 임준열(任俊烈)로 서기 1941년생)은 경북 의성군 출신으로 안동사범학교 졸업 후 1년간 초등교사를 거쳐, 중앙대학교 대학원 국어국문학과에서 현대문학을 전공한 문학석사로, 창작활동 보다는 문단의 단체활동을 활발히 하고 있다. 그를 일컬어 작가, 언론, 진보적 문화평론가라고 하고 있다.

그의 부친 임우빈은 보도연맹원으로 몰려 처형되었고, 형은 북한에서 생존하다가 사망했다고 한다. 그는 서기 1974년에 문학인 사건으로 투옥되었고, 서기 1979년 공안사건인 이른 바 남조선민족해방전선(남민련) 사건에 연류되어 투옥되었으나, 서기 1983년 8월 대통령 특사로 석방되었다. 그는 서기 1974년부터 '96년까지 17종의 저서를 남겼다고 하나, 친일파에 대한 연구는 없다.

그리고 몇 년 전 동 연구소가 기획, 제작하여 방영한, 참으로 황당무계한 '백년전쟁'이라는 영상물이 역사학계는 물론 각계에서 맹렬한 비난의 대상이 되고 있음은 주지의 사실이다. 그렇다면 동 연구소장 임헌영이 과연 자유민주주의 체제를 신봉하는 대한민국의 국민인지, 아니면 어떤 불온사상을 가진 자인지는 현명한 독자 여러분의 판단에 맡길 수 밖에 없을 것 같다.

그리하여 서기 1999년에는 《친일인명사전》의 편찬을 지지하는 전국 교수 1만 인의 선언이 있었고, 서기 2001년에는 '친일 인명사전 편찬위원회'가 발족되고 사무국이 설치되었다. 따라서 친일파 인명사전의 편찬은 동 연구소의 목적에서 보듯, 동 연구소의 하나의 사업에 불과 했을 뿐, 국가로부터 친일파 인사 규명에 관한 어떤 법적인 위임을 받은 것도 아니며, 더구나 한국의 이른바 친일파 규명에 관련한 어떤 학술단체와도 연계한 것도 아니다. 그러므로 동 사전의 편찬은 순전히, 어떤 사상적 결사체인 자기들만의 사업의 일환일 뿐이다. 따라서 동 《친일인명사전》은 역사학계의 이른바 '친일인사' 평가의 일반론이 될 수 없다 할 것이다.

동 연구소 이사장인 김병상은 동 사전의 발간 서문에서 다음과 같이 말하고 있다.

"이 사전은 지난 한 세기에 대한 각 전문가들의 학문적인 연구 성과의 집적이라 할 만하다."

그러나 이는 큰 오류가 아닐 수 없다. 우선 '각 전문가들의 학문적인 연구 성과의 집적'이라는 표현 그 자체부터 가당찮은 허언이다. 동 연구소는 친일파 진상규명에 있어, 결코 국내의 유관 학술단체와 중지(衆智)를 모은 사실이 없음은 물론 동 사전의 집필자에 있어서도 근대 국사학계의 원로나 중견 학자 내지 각 전문 학회의 노장·중견 학자들의 이름마져도 보이지 않는다. 필자도 한국교육사학회 회장을 역임한 바 있지만, 동 《친일인명사전》의 교육부분 친일파 인물에 대한 기술에 있어서도 단 한명의 중견 학회원마져도 그 이름을 발견할 수가 없다. 그 다음 기술하는 태도도 의혹 투성이다.

　본 필자가 예를 들고 있는 고창지방의 인물만 보더라도, 《친일인명사전》의 명칭과 같이 '친일'이면 일제강점기의 친일행위만을 범위로 해야 할 텐데, 동 기간에 '민족'을 위한 일까지 다 같이 기록하였음은 물론 광복 후의 일까지 한 사람의 일대기를 기술하고 있다. 그 기록 자체도 세밀한 정신적 측면을 완전히 배제하고, 실증자료(신문, 잡지 등)만을 동원하여, 거기에 나타난 표면적인 행위만을 적시했을 뿐. 어떤 가치판단도 하지 않은 채 그야말로 '흑백논리'도 아닌 해당 인물에 대한 평생적인 발자취를 기술하고 있을 뿐이다.

　더구나 객관적 실증자료에는 나타날 수 없는, 국가 민족을 위한 애국애족의 행위 등은 일체 거론조차 하지 않았으며, 또한 이른바 친일파로 지목한 그 인물들에 대하여, 광복 후 죽을 때까지의 행적까지 기술하고 있는 점 등, 친일파 규명의 방법과 범위에 대해서도 기본조차 확립되지 않은, 졸속적이고 경박한 태도의 심각성을 지적하지 않을 수 없다.

　동 연구소는 서기 2004년에는 《친일인명사전》 편찬을 위하여 국민의 힘으로 '모금운동'을 전개하기도 했다. 그리하여 동 사전이 서기 2009년에 출판된 것을 보면, 친일파 진상규명과 그 사전 발간에 9년간이 소요된 셈이다. 그들의 발표에 의하면, 편찬 및 집필위원의 수는 국내 178명, 중국지역 7명, 일본지역 4명등 총 189

명이며, 이들이 사전에 수록된 4,389명의 진상규명을 담당한 셈이다. 통계적으로 보면, 집필위원 1인당 9년간에 약 23명을 조사했으니, 1년에 2~3명을 조사한 셈이다. 참으로 방대하고 치밀한 조직이라 하겠다. 그러나 그 집필위원 조직의 내용을 들여다보면 여러 문제점을 읽지 않을 수 없다.

첫째, 집필위원의 출신성분을 보면 다음과 같다.( )안은 인원수

국내의 인원은 교수(62), 대학강사(27), 연구교수(20), 초빙교수(2), 대학원생(7), 대학연구소원(2), 기타 연구소(20), 국사 편찬위 연구사(7), 독립기념관 연구원(6), 한국국학진흥원(1), 국가기록원 연구관(2), 미술평론가(2), 연극평론가(1), 지방박물관 연구원(1), 불교사찰 주지(1), 민족문제연구소 연구원(17) 등이다.

중국지역의 구성원으로는, 연변대 민족연구원 소속 교수(2), 동북사대(1), 대련대(1), 전 연변사화과학원 문학예술연구소장(1), 그리고 일본지역은 재일사학자(1), 대학교수(3), 대학조교(1) 등으로 실로 다양한 성분의 집필진이다. 그러나 다양한 출신성분만큼이나 그 사전 내용상의 부실한 점 또한 다양하다고 할 것이다.

위의 국내 인원의 성분에서 보듯, 대학 강사, 연구교수, 초빙교수, 대학원생, 대학연구원이 모두 58명으로 대학교수와 거의 비슷하다는 점이다. 왜 대학의 강사급이 이렇게 많은가? 물론 대학 강사급이라 해서 그 연구가 대학교수보다 못하란 법은 없겠으나, 연령으로 보면 그들의 세대는 성격상 3,40 대일 것으로 추론되어,

친일파 진상규명의 작업에는 그 연구경력이 너무나 일천함. 오히려 주권상실기인 일제강점기를 겪었던 연구자를 더 많이 동원했어야 했다. 필자는 한국비교교육학회 이사, 한국교육철학회 감사, 한국교육사학회장 등을 역임한 바 있지만, 집필 위원 중 국내 연구자 중 아는 사람이 한 명도 없다.

둘째는 중국지역의 편집 및 집필위원의 문제이다.

연변대학교수 2명은 본인들도 집필위원에 위촉된 사실도 모르고, 《친일 인명사전》의 집필진에는 전혀 관여하지 않았다는 본인들의 말이다.

어떤 교수는 집필위원은 커녕 인명사전이 무엇인지도 모른다고 손사래를 치는 웃지 못 할 일도 벌어졌다. 또한 연변대의 민족연구원장은 필자가 한국교육사학회장을 맡고 있을 때, 공동으로 국제학술대회도 개최한 바 있지만, 동 연구소장의 말을 들어보면, 언젠가 그쪽(한국측) 삼십대 쯤 보이는 젊은 청년들 몇이 와서 자료 요청을 하기에 하도 기특하여 술도 대접했고 몇 가지 자료를 제공했을 뿐이라는 증언이다.

중국측 집필위원 중 1명은 장춘의 동북사범대학 소속으로, 그는 한국정신문화원(현, 한국학중앙연구원)의 장학금으로 박사학위까지 받은 자로, 중국의 이른바 '동북공정(東北工程)'의 최일선 앞잡이인데도 집필위원으로 임명했다는 사실이다. 이로 보면 집필위원중 허수 내지 온당치 못한 경우가 있다는 것을 배제할 수 없다.

그리하여 우리는 여기서 진실로 동 연구소와 동 위원회에 묻지 않을 수 없고, 동 연구소와 동 위원회는 아래 두 가지 물음에 대한 분명한 답변을 해야 할 것이다.

첫째, 친일파 진상이라는 중대한 사실을 규명한다는 사람들이, 외국학자까지 허위로 집필자 명단에 기재해야 했던 이유가 과연 무엇인가?

둘째, 재일 교포 중견 학자도 많은데, 하필이면 일본대학 조교(일본 게이오대학 조교 김명수)와 중국 측의 경우도 일제 강점기 민족교육을 연구한 연변의 노학자들이 많은데, 왜 하필이면 중국의 동북공정(東北工程;고구려사 찬탈)의 앞잡이로 참여하고 있는 장춘의 동북사대 교수(권혁수;우리나라의 장학금을 받아 정신문화원에서 박사학위 취득)까지 집필위원으로 선정, 위촉하면서, 왜 국내의 유관 학회와는 일체 연계하지 않았는가?

생각하건데, 친일 교육자를 규명할 때는 한국교육사상연구회나 한국교육사학회와 같은 학회와 긴밀히 연계해야 하고, 친일정치인의 경우는 한국정치학회와 연계해야 하고, 중국의 경우는 재중 한민족의 민족대학으로 출발했던 연변대학의 노교수들과 연계하여, 그 친일행위에 대한 진상규명을 하는 것이 지극히 상식적인 안목인데도 불구하고 동 위원회는 이를 모두 배제했으니, 동 위원회의 구성이 얼마나 자의적이고 또한 특정 목적의 사상결사체라는 것을, 동 연구소가 스스로 만천하에 노정(露呈)시키고 있다는 것을 부정할 수 없다.

제2절 이른바 친일파의 활동영역과 진상규명의 준거기준

동 위원회는 이른바 친일파 인물의 분류영역과 그 진상규명의 준거기준을 다음과 같이 분류하고 있다.

1. 매국, 수작(습작)과 일본제국 의회의원

① 을사조약, 한일합병조약 등 일제의 국권 침탈에 적극 협력한 자.

(필자 주 ; 명색이 친일파 진상을 규명한다는 자들이 '을사조약' '한일합병'이라는 친일용어까지 서슴지 않고 쓰고 있으니 참로 한심하기 짝이 없다. 을사조약은 '을사늑약'으로, 한일합병은 '한일병탄'으로 당연히 고쳐 써야 할 것이다.)

② 일제로부터 귀족 작위를 받았거나 이를 계승한 자.

③ 일본제국의회의 귀족원 의원 또는 중의원의원으로 활동한 자

2. 중추원

조선총독부 중추원의 부의장, 고문, 참의(찬의, 부찬의)로 활동한 자

3. 관공리

① 고등관이상 또는 관료로 재직한 자

② 친일행위가 뚜렷한 일반 관공리

(*필자 주 : 고등관도, 친일행위도 뚜렷한 일반 관공리도 다 같이 관료인데, 무엇 때문에 고등관과 관료 그리고 뚜렷한 친일행위가 있는 자로 구분하고 있는지 그 구분 이유는 무엇일까? 이하 각 분류 기준의 항목에서도 마찬가지의 논리이다)

4. 사법
① 판사, 검사로 재직한 자
② 친일행위가 현저한 일반 사법관리

5.경찰
① 경부이상의 경찰간부로 재직한 자
② 고등경찰 및 검열업무담당자
③ 친일행위가 뚜렷한 일반경찰

6. 군
① 위관급 이상 장교와 오장급 이상의 헌병으로 재직한 자
② 친일행위가 뚜렷한 일반군인

7. 친일 · 전쟁협력단체
① 일진회, 국민협회, 대동동지회, 각파 유지연맹, 시중회, 대동일진회, 녹기연맹, 대의당 등 노골적인 친일단체에서 간부로 활동

한 자

(필자 주 : 전쟁협력도 친일 아닌가? 친일과 전쟁 협력을 굳이 구분하는 이유는 무엇인가?)

② 대정친목회, 자제단, 유민회, 동광회, 동민회, 대동민우회, 황도학회, 정학회, 대화동맹, 국민동지회, 대일본흥아회 조선지부등 주요 친일단체에서 핵심간부로 활동한 자

③ 국방의회, 국민정신총동원조선연맹, 국민조선총연맹, 흥아보국단, 임전대책협의회, 조선임전보국단, 애국금차회, 조선지원병제도제정축하회, 시국대응전선사상보국연맹, 대화숙, 조선언론보국회, 조선신문회, 대일본 부인회 조선본부, 조선문인협회, 조선방공협회, 조선국방의회연합회, 등 관제 동원단체에서 임원직을 중복 역임한 자

④ 전항(②~③)의 단체에서 임원직을 중복 역임한 자

(필자 주 : 단체의 분류가 다음 8항의 언론, 학술 등으로 분류해야 할 것을 여기서 언급한 이유는 무엇인가? ③항 중복한 역임한 자를 거론한 것은, 단임한 경우는 면제 한다는 것인가? 단체 분류기준이나 책임추궁의 한계가 객관성이 없이 매우 자의적이고 무상하다)

8. 언론

① 국민신보, 시사평론 등 친일단체 기관지의 발행인과 편집인

② 매일신보, 만선일보 등 국책기관지의 국장급 이상과 논설부장, 논설위원

③ 경성방송국의 국, 과장 이상

④ 친일신문, 잡지사의 발행인, 편집인 및 주간(주필)

⑤ 논설, 저술, 강연 등을 통해 일제의 식민통치와 침략전쟁에 적극 협력한 자

(필자 주 : 언론기관을 열거하고 있지만, 그 간부급만 친일 대상으로 하고 ⑤항의 경우 '적극협력한 자'의 기준을 어떻게 설정하고 있는지 애매모호하다. 동 집필위원회의 논리대로라면, 동아일보나 조선일보가 민족지라지만 친일에 관련된 기사를 다루었으면 이들 신문사도 기준에 넣어야 할 것 아닌가?)

9. 교육, 학술

① 교육·학술에 종사하면서 일제의 식민지 지배 이데올로기를 합리화하고 이를 확산시키는데 앞장선 자

② 각급 교육기관과 각종 교육, 학술단체의 설립자, 책임자 및 운영자로서 전쟁 동원을 독려한 자

③ 고등관 이상의 교육관리

④ 조선사편수회(반도사편찬사업, 조선사편찬위원회)의 편수활동에 지속적으로 참여한 자

⑤ 좌담, 강연 등을 통해 일제의 식민통치와 침략전쟁에 적극협력한 자

(필자 주 ; 교육관계에서 왜 교사는 제외하고 있는가? 친일화 교육의 최선봉에 선 교사의 친일 책임은 무겁지 않는가?)

10. 개신교 (필자 주 : '기독교인'으로 표명해야 합당한 표현일 것이다)

① 일제의 종교 통제방침에 협력하여 교회의 변직을 주도하고 교

리를 왜곡시킨 자

② 변질된 혁신교단, 통폐합된 일본기독교조선교단, 교파단위의 국민정신총동원연맹, 국민총력연맹·비행기헌납기성회 등 친일단체의 간부로 활동한 자

③ 기독교신문 등 친일성향의 기독교계신문, 잡지의 발행인과 주필 및 주간

④ 기고, 광고, 좌담, 강연 등을 통해 식민통치, 침략전쟁을 미화, 선동하는 부일협력행위를 반복적으로 지행한 자

11. 천주교 (필자 주 : '천주교인'으로 표현해야 맞는 표현일 것이다)

① 일제의 종교통제 방침에 따라 교단차원의 친일을 주도하여 일제의 식민통치와 침략전쟁에 적극협력한 자

② 국민정신총동원의 천주교경성교구연맹, 국민총력 천주교경성교구연맹 등의 핵심간부

③ 기고, 광고, 좌담, 강연 등을 통해 식민통치, 침략전쟁을 미화, 선동하는 부일협력행위를 반복적으로 자행한 자

12. 불교 (필자 주 : '불교인'으로 표현해야 맞는 표현일 것이다)

① 일제의 종교통제방침에 협력하여 불교계에 친일세력을 구축하고 한국불교의 정체성을 훼손한 자

(필자 주 : 한국불교가 아니라 '조선불교'라고 해야 맞다)

② 1937년 중일전쟁 이후 친일화한 불교계의 중앙교단(조선불교

중앙교무원, 조선불교조계종총본사)과 친일불교단체(조선불교단) 등의 주요 임원인자

③ 본사 주지승려 가운데 전승기원법회, 국방헌납 등 부일협력행위가 뚜렷한 자

④ 불교시보 등 친일성향의 불교계신문, 잡지의 발행인, 편집인, 주필, 편집주임

⑤ 기고, 광고, 좌담, 강연 등을 통해 식민통치와 침략전쟁을 미화, 선동하는 부일협력행위를 반복적으로 자행한 자

13. 천도교 (필자 주 : '천도교인'으로 표현해야 맞는 표현일 것이다)

① 교단·부분단체의 간부로서 일제의 침략전쟁에 적극 협력 할 것을 교인들에게 지시·독려한 자

② 시국대처부의 부장, 총무 간사, 국민정신총동원 천도교연맹과 국민총력 천도교 연맹에서 이사장·(상무)이사·평의원 등의 직위를 중복 또는 반복하여 역임한 자

③ 기고, 광고, 좌담, 강연 등을 통해 식민통치와 침략전쟁을 미화, 선동하는 부일협력행위를 반복적으로 자행한 자

14. 유림

(필자 주 : '유교신봉자'라 표현해야 합당할 것이다. 그래야 앞의 11,12,13항목과 용어개념상 균형을 유지할 것이다. '유림(儒林)'이란 말은 선비의 집단을 일컫는 말이다)

① 황도유학을 제창하는 등 유림의 친일 구조화하고 일제의 식민통치와 침략전쟁에 적극 협력한 자

② 경학원 대제학, 부제학, 사성

(필자 주 : 왜 경학원의 후신인 '명륜전문'의 경우는 거론치 않았는가?)

③ 경학원의 강사와 임직원 중 친일행위가 뚜렷한 자

④ 대동학회, 공자교회, 대동시문회, 조선유도연합회 간부 중 친일행위가 뚜렷한 자

⑤ 기고, 광고, 좌담, 강연 등을 통해 식민통치와 침략전쟁을 미화, 선동하는 부일협력행위를 반복적으로 자행한 자

15. 문학 (필자 주 : 문인으로 표현해야 맞는 표현일 것이다)

① 시, 수필, 소설, 평론, 아동문학 등 문필활동으로 내선일체, 황국신민화, 대동아공영권 등 일제의 지배이데올로기를 찬양, 미화하고 파시즘 총동원체제를 선전, 선동함으로써 일제의 식민 통치와 침략전쟁에 적극협력한 자

(필자 주: 정책을 '이데올로기'로 잘못 표현하고 있다)

② 조선문인보국회, 국민총력조선연맹문화부, 조선문인협회 등 각종 친일단체의 간부로 반복하여 팜여한 자

(필자 주 : '반복 하여 참여'한 구체적 기준과, 그 설정이유는 무엇인가?)

16. 미술

(필자 주 : 미술인으로 표현해야 맞는 말이다. 더 나아가 다음 항목인 연극,

영화까지 한데 묶어 '예술인'으로 표현했어야 한다. 그리고 이렇게 세분하는 이유가 무엇인가?)

① 회화, 공예, 조각, 건축, 서예, 디자인, 만화, 삽화, 평론 등의 분야에서 창작과 단체활동을 통해 일제의 식민통치와 침략전쟁에 적극 협력한자.

② 총후미술전 위원, 초대작가, 결전미술전 심사위원

③ 조선미술가협발기인, 간사, 상임위원, 국민총력조선연맹문화부위원, 단광회회원

④ 총후미술전, 결선미술전에 지속적으로 출품하거나 입선한자

⑤ 종군화가, 개인전을 열거나 위문, 헌납을 한 자

⑥ '님의 부르심을 받들고서' 등 징병제 찬양에 가담한 자

⑦ 기타 친일작품, 비평활동을 지속적으로 자행한 자

17. 연극, 영화

① 연극, 영화, 가극, 만담, 평론 등 공연예술의 각 분야에서 창작과 단체 활동을 통해 일제의 식민통치와 침략전쟁에 적극 협력한 자

② 친일연극, 영화의 제작자(극단대표, 영화제작자)와 연출, 감독

③ 친일 희곡, 시나리오 작가

④ 주연급 배우로서 친일연극에 반복 출연하거나 이와 관련하여 수상 경력이 있는 자

⑤ 조선영화주식회사 사원으로서 친일영화에 반복 출연한 배우

⑥ 친일연극제작에 반복하여 참여한 우대미술가, 촬영기사

⑦ 국책선전영화를 기획하거나 심의 한 자

(필자의 주 : 이상의 17, 18항목은 다른 항목의 기준보다 더욱 세밀하게 설정한 이유는 무엇인가? 이는 동 위원회가 미리 의도적으로 친일인물들을 선정해 놓고, 그에 맞게 기준을 정한 느낌을 부인하기 어렵다)

18. 경제

① 경제인 중 일제경제침탈정책을 입안 또는 의사결정을 주도한 자와 그 수행에 적극 협력한 자

② 국책경제기관(동양척식주식회사, 조선식산은행 등)과 경제단체의 간부

③ 군수품 제조업체의 책임자

④ 기고, 광고, 좌담, 강연 등을 통해 일제의 경제침탈을 합리화하고, 전쟁물자동원에 적극협력한 자

19. 전쟁협력자

① 국방헌납과 모금을 주도하여 일제의 전쟁수행에 적극 협력한 자

② 애국기, 보국기 등 비행기 헌납운동에 적극 참여한 자

③ 국방비명목으로 금품 1만원(당시 화폐단위)이상을 헌납한 자

(필자 주 : 본 항목의 기준은 위의 항목 중에 산재한 기준들로 특별히 독립적으로 설정할 필요가 없는 것이다. 왜 이 항목을 설정했는지 알 수 없다. 또한 국방비 명목으로 금품 1만 원 이상 이라고 못박아 제시한 이유가 무엇인지도 궁금하다. 친일했다면 금액에 차등을 두어서는 안 될 것이다. 비행기 헌납운동

도 그렇다. 비행기 제작에 필요한 돈을 냈으면 되었지, 다시 특별항목으로 적시할 필요가 없다. 또 '헌납'이라는 용어를 쓰는 이유는 무엇인가? 본 기준을 보면 이미 특정 인물들을 정해놓고 있는 것 같다.)

20. 해외-만주
① 만주국의 칙임관 이상의 관리와 친일행위가 뚜렷한 일반관리
② 재만일본기관의 고등관 이상의 관리와 친일행위가 뚜렷한 일반관리
③ 만주국의 경좌이상 경찰, 고등경찰, 친일 행위가 뚜렷한 일반경찰
④ 재만일본기관의 경부이상의 경찰, 고등경찰, 친일행위가 뚜렷한 일반경찰
⑤ 밀정등 첩보활동을 통해 일제에 적극협력한 자

(필자 주 : 친일행위가 뚜렷한 경찰이었으면 됐지, 일정 직급 이상의 경찰, 고등경찰, 친일행위가 뚜렷한 경찰로 구분하는 것은 무슨 이유인가? 특정 인물을 예정하고 기준을 제시한 것 같다. 그리고 만주국을 거론하면서 왜 그 이전 일제의 간도침략기, 여순, 대련지구(여대지구)침략기, 그리고 남만주철도부속지구 침략기 등은 거론하고 있지 않는가? 이것은 일제의 중국동북지방에 대한 일제침략의 시기적 공간조차 모르는 소치가 아닌가?)

21. 해외-일본
① 고등관 이상의 관리와 친일행위가 뚜렷한 일반관리
② 경부이상 경찰, 고등경찰, 친일행위가 뚜렷한 일반경찰

③ 밀정 등 첩보활동을 통해 일제에 적극 협력한 자

④ 주요 친일잔체 (상애회, 대동협회, 태양청년회, 애국동심회, 내선공조융화회, 내선동애회, 애국청년단 등)의 핵심인물로서 재일조선인들의 항일운동과 권리향상운동 등을 교란, 탄압하거나 전쟁협력에 적극 앞장 선 자

⑤ 강연, 언론, 저술활동을 통해 내선일체, 황도주의, 전쟁협력 등을 적극적으로 선전하거나 고취한 자

⑥ 기타 국내기준에 의거해 친일행위가 뚜렷한 자

22. 해외-중국 관내와 러시아지역

(1) 중국관내 지역

① 왕정위(王精衛)정부, 기동(冀東)정부 등 일제 괴뢰정권에서 고등관 이상의 관리와 친일행위가 뚜렷한 일반관리

② 재중 일본기관의 고등관 이상 관리와 친일행위가 뚜렷한 일반관리

③ 왕정위정부, 기동정부 등 일제 괴뢰정권의 경부 이상 경찰, 고등경찰, 친일행위가 뚜렷한 일반경찰

④ 재중 일본기관의 경부 이상 경찰, 고등경찰, 친일행위가 뚜렷한 일반경찰

⑤ 밀정 등 첩보활동을 통해 일제에 적극협력한 자

⑥ 주요 친일단체(협려회, 계림회 등)의 핵심인물

⑦ 타 국내기준에 친일행위가 뚜렷한 자

(필자 주 : 왕정위 괴뢰정권을 거론하면서 왜 내몽고지방의 몽강괴뢰정권은 거론치 않고 있는가? 그리고 동 항의 기준도 중복된 것이 많고 그 기준도 무상하다. 이는 대학생의 리포트에서도 볼 수 없는 일관된 논리성도 볼 수 없는 자의적인 기준이다.)

(2) 러시아지역

① 재러 일본기관의 고등관 이상 관리와 친일행위가 뚜렷한 일반관리

② 재러 일본기관의 경부이상 경찰, 고등경찰, 친일행위가 뚜렷한 일반경찰

③ 일제의 시베리아 출병이후 조작된 단체의 임직원으로서 일제에 적극협력한 자

④ 기타 국내기준에 의거 친일행위가 뚜렷한 자

23. 기타

이 밖에 일제에 협력하여 훈공 또는 포상을 받은 자 중에서, 친일행위가 뚜렷한 자, 일제와 일본인에 의한 민족문화의 파괴, 말살과 문화유산의 훼손, 반출에 적극 협력한 자, 위의 각 분야에 포함되지 않는 자 일지라도 뚜렷한 친일행위가 확인되는 자도 사전에 수록대상으로 삼았다.

우리는 위에서 살펴보듯 동 '사전' 첫머리에 나타난 24개 항목에 이르는 영역에서 그 많은 친일행위의 기준을 일별하였다.

본 필자는 각 항목에서 '필자 주'라 하여 비평해왔지만 친일 행위의 기준이 무상하다는 점을 우선 지적하고 싶다. 일제 관리에는 그 표현은 다르나 일정 직급이상을 친일대상으로 한 것은, 그 이하는 친일행위를 면제하는 꼴이 되고, 일제에 적극 협력한 자, 친일행위가 뚜렷한 자를 기준으로 설정했는데, 과연 '적극 협력'과 '뚜렷한' 것의 기준이 무엇인지 일체 언급치않은 것은, 자의적인 판단이 개입했다는 것을 여실히 드러내고 있는 것이다. 그리고 친일행위 기준을 상세히 제시한 것 같지만, 실은 동의반복적인 경우가 많고, 그 기준 또한 애매모호하기 짝이 없다.

그리고 동 연구소와 동 위원회가 입만 열면 '친일' '친일'하는데, 이 기회에 진정한 '친일행위'에 대해서 논의해 보자, 과연 어떤 행위가 친일(親日)이라고 단정할 수 있는가? 손자병법의 미인계(美人計), 반간계(反間計), 고육지계(苦肉之計) 등은 적(敵)을 꺾기 위한 계책의 일종이다. 이런 계책으로 외형상 일제에 접근하고 부동(附同)한 것도 과연 친일(親日)이라할 수 있는가? 우선 동 연구소의 기준을 놓고 논의해 보자.

동 연구소의 친일행위 기준에는 일제에의 납세행위는 제외하고 있다. 왜 납세행위는 제외했는가? 납세행위도 일제에 재정적 의무를 다했으니, 일제에 부동(附同)한 친일행위가 아닌가? 그리고 일제강점기에 학교에 다닌 자로서 아침조회 때마다 '신사참배'하고, 동쪽으로 향하여 경례한 이른바 '동방요배'의 경우도 친일행위 아닌가? 왜 이런 행위들은 묵살하고 있는가?

　표면적으로만 보면, 일제강점기에 초등학교(현, 초등학교) 이상의 학생들은 친일행위자로 보아야 하고, 당시 이 땅에 살면서 일제에 맹종한 갑남을녀(甲男乙女)들도 친일행위자로 보아야 할 것이다. 그런데 그들은 '불가항력'의 법리(法理)로 제외한다는 말인가? 불가항력의 법리를 적용하려면 당시 모든 이른바 조선인들에게 공평하게 적용되어야 할 것이다.

　바로 이런 문제들이 주권 상실기에 내 민족, 조국 땅에서 일제의 노예로 살아야 했던, 시대적 민족의 통분이요 치욕이다. 이런 삶의 공간 속에서 어느 선 이상의 행위를 친일행위의 대상으로 규정한다는 것은, 《맹자》('梁惠王 章句 上 3')에 나오는 이른바 "以五十步 笑百步"(50보 후퇴한 자가 100보 후퇴한 자를 비겁하다고 비웃는다.)의 웃음꺼리가 아니고 무엇이겠는가?

　동 사전의 친일행위의 영역과 기준을 깊이 들여다 보면, 동 위원회는 흑백논리로 지식인이나 재산가 그리고 일정 이상의 직급을 가진 자를 민족의 역사적 공간에서 일방적으로 친일파로 묶어 버린 것과 같다. 이러한 사고방식의 모형은, 필자가 20여 년 전에 쓴 《재중한민족교육전개사(在中韓民族教育展開史)》(상·하)(문음사, 2004, 2005년도 대한민국 학술원 우수도서 선정)의 집필 자료를 구하기 위해 중국 동북지방을 수년간 왕래할 때 얻은 경험이지만, 일제의 만주지방 점렴기인 괴뢰만주국(僞滿洲國) 이후 강점기의 중국공산주의자들이 갖고 있던 "재산가=지식인=착취계급=친일파"라는 사고방식을 방불케 한다.

중국 공산주의 지도자들은 무산자를 거점으로 하여 자신들도 지식인이면서, 같은 지식인을 공격하고 자산가를 공격함으로써, 무산자를 옹호하는 척하면서 지지기반을 넓혀갔다. 중국공산당은 정권을 잡을 때까지 시종 이와 같은 공식을 도구화하였다. 중국의 문화대혁명 때 "사령부를 포격하라!"고 외쳤던 당시 모택동의 사고방식도 그런 것이었다. 또한 일제강점기의 조선공산주의자들도 예외는 아니었다. 이러한 인식은 오늘날 이 땅의 좌파 기치를 내세운 일부 인사들의 인식에도 깊이 뿌리박고 있는 것 같다.

이러한 사고방식으로 친일행위를 규명한다면, 본론에서 예시하고 있는 전북 고창군 부안면 출신 김성수·김연수 형제, 홍종철, 서정주 들도 모두 친일행위자일 것이다. 이들은 동 위원회의 친일영역의 분류에 따르면, 김성수는 교육 학술, 김연수·홍종철은 경제, 서정주는 문학·교육 쪽으로 분류될 수 있을 것이다.

이들은 고창지방의 자산가 또는 지식인으로서, 동 위원회는 물론 일부 좌파진영들도 그들을 친일파요 착취계급으로 지목하고 있는 것이다. 그러나 이들은 이른바 동 위원회가 동원한 객관적 자료를 보더라도 객관적으로 친일행위와 일편 민족교육사업의 경영·후원자 또는 교육운동가로 헌신했던 양면성을 인식할 수 있다.

그렇다면 동 위원회는 그들의 이런 애국애족활동을 친일행위의 어떤 성격과 관련이 있는지 전혀 설명을 못 하고 있을 뿐만 아니라, 그들의 애국애족활동을 《친일인명사전》에다 굳이 기록하는 이유가 무엇인지, 일언반구의 언급도 없다.

이들 네 명은 지식인으로서, 자산가로서 또는 문인으로서, 일제강점기 당시 외형상 일부 친일행위가 있었겠지만, 내면적으로는 애국 애족하는 민족의 큰 지도자 내지 반일 문학청년이었음을 부인할 수 없다.

또한 일제강점기에 민족독립운동 자금의 상당 부분이 당시 자산가였던 이들(서정주 제외, 이에 대해서는 별도로 후술)의 손에서 비밀리에 자발적으로 제공되었으며, 독립운동가들 또한 지식인이 그 중심에 섰다는 것을 동 위원회는 의도적으로 묵살하고 있는 것 같다. 그러므로 외견상 위 네 사람의 친일행위는, 대선(大善)을 살리기 위해 소악(小惡)을 행한 고육지책(苦肉之策)이었음을 필자는 분명히 천명(闡明)하고자 한다.

제3절 이른바 친일행위 진상규명의 채증방법과 기술범위

동 위원회가 친일행위 진상규명의 채증 방법으로 사용한 것은, 당시 일제의 관찬자료, 신문, 잡지 등의 외견적인 문헌자료만으로 일관하였다. 이러한 태도는 역사연구에 있어서 실증주의를 고수하고 있다는 말이다.

실증주의는 역사연구에 있어서 객관적인 사실에만 의거하는 입장으로, 명확한 사물 또는 사실에 근거하여 진술하는 경우이다. 이는 프랑스의 콩트(Comte, A)에 의해서 시작되었다지만, 실은 2,500여년 공자에 의해서 시작되었다.《논어(論語)》'위정(爲政)' 23 "자장이 10대 뒤의 일을 미리 알 수 있습니까?"라고 묻자, 공자가 대답했다. "은(殷)나라는 하(夏)나라의 제도를 계승했으니, 그 감소된 것과 그 증가 된 부분을 알 수 있으며, 주(周)나라는 은나라의 제도를 계승했으니, 그 폐기된 것과 증가된 내용 역시 알 수 있다. 장차 주나라를 잇는 나라가 있다면, 백 대 뒤의 일이라고 할지라도 역시 미리 알 수 있다.(子張問十世可知也 子曰殷因於夏禮 所損益可知也 周因於殷禮 所損益可知也 其或繼周者雖百世可知也)". 이 방법은 역사연구에 있어서 일종의 설득력을 갖고 있으며, 이에 의거 한다면 퍽 객관적인 사실성을 확보할 것이다. 그러나, 이런 역사 연구방법은, 실증자료가 거의 없는 인간의 정신활동을 완전 배제함으로써, 한 인간의 인물 연구에는 그 태생적인 한계성으로 인해 합당한 연구방법이라고만 할 수 없는 것이다.

동 위원회가 고수한 실증주의 역사학은, 19세기 서양에서 과학적 역사학이라고 표방하며 성명을 날렸지만, 20C 중엽 이후 한때의 물거품으로 시들어 버리고만 사학(史學)이다. 그 까닭은 '실증사학파'들은, 실증할 수 없는 대상들을 모조리 역사학의 경계 밖으로 축출했기 때문이다. 그들은 표면적인 사실의 실증에만 매달리다 보니 역사의 깊은 흐름을 놓쳤을 뿐만 아니라, 기록과 유물에 대한 숭배로 인하여 부지불식간에 유물론적 역사학이 돼버린 것이다. 무릇 인간의 정신활동은 기록이나 유물로 남아 있지 않는 경우가 허다하다. 그러므로 실증주이 역사학은 인류의 정신문화가 말살된, '영혼이 없는 역사학'이 돼버린 것이다.

거듭 말하거니와, 한 인물의 역사적 평가를 물적 실증자료로만 평가할 수 있다면 그 이상 좋을 것이 없겠으나, 실은 그러한 물적 실증자료로는 도저히 기대할 수 없는, 그 인물의 정신활동적 영역이 너무나 많기 때문에, 진술한 바와 같이, 실증사학의 연구방법은 한 인물의 역사적 평가에는 타당하지 않는 방법이다.

그러므로 인물평가 채증에 있어서는, 실증자료 외에 증언(證言)도 중요한 채증 방법의 하나이다. 증언은 언어로써 어떠한 사실을 진술하는 경우이다. 단 한 사람의 진술은 주관적인 것이 될 수도 있겠지만, 다수의 증언은 실증자료가 안고 있는 한계성을 보충해주는 신빙성 있는 객관적 자료로 간주할 수 있는 것이다. 그것은 실제로 존재했던 사건에서, 관찬사(官撰史)등 물적 자료가 간과한 사항을 보충해주므로, 중요한 채증자료로 충분히 가치가 있는 것이다

이런 관점을 피력(披瀝)하는 것은, 본 필자가 앞에서 거론한 졸저 《재중한민족교육전개사(在中韓民族教育展開史)》(上, 下)의 연구를 위해, 여름방학 때마다 8년 동안 중국 동북지방(만주지방)을 답사하며 자료수집을 하던 과정에서, 증언의 중요성을 뼈저리게 실감한 경험이 있기 때문이다.

(필자 주 : 동 위원회는 《친일파 인명사전》 편집에 9년간을 연구했다지만, 각계의 풍부한 증언 청취 하나 없이, 겨우 일제의 관찬사나 뒤적거리고 각종 신문이나 잡지 등을 스크랩할 정도 뿐인데 비하면, 9년간이란 기간은 너무도 많은 시간을 허비했다 할 것이다. 동 위원회가 동원한 그 정도의 자료라면, 국회도서관이나 국립중앙도서관을 몇 번 왔다 갔다 하는 것만으로도 충분할 수 있기 때문이다.)

채증방법에 있어서 또 하나 중요한 것은, 한 가정 또는 한 지방에서 전래되는 전설(傳說)이나 설화(設話) 등 이라 하겠다. 전설이나 설화 등은 옛부터 가정에서는 조부모, 부모로부터 대대로 내려오는 시간적 공간 속에서 가정이나 한 지방이 가지고 있는 경험이다.

특히 일제강점기에 독립운동자금의 전달 같은 문제는, 비밀리 보

관된 문서나 증언 등의 방법 외에는 어떻게 설명할 도리가 없다. 독립자금을 내는 데 있어서 영수증을 수수(授受)했다는 이야기를 들어본 적이 없고 또 그럴 성격도 아니다. 오늘날에도 국가기밀비, 정보비 등등의 영수증 처리는 불가한 데, 일제강점기의 독립운동 자금지원 같은 목숨을 건 중대사에, 영수증 처리라는 것은 상상도 할 수 없는 일 아닌가? 고금동서를 막론하고 은밀해야 할 중대사엔, 흔적을 불태우거나 화급(火急)한 지경이면 입으로 삼켜 버리고, 그 흔적을 지워버리는 것이 통례였다.

동 위원회가 《친일인명사전》을 작성하면서, 그들이 지명하는 이른바 친일인물(親日人物)들의 후손들이나 관계자들을 직접 면담하여, 최대한의 증언 등을 녹취(錄取)하는 것이, 관찬자료(官撰資料) 등 물적 실증자료의 한계를 보완하는 중요 사항이었음에도 불구하고, 그런 점을 도외시(度外視)한 것은 돌이킬 수 없는 중대한 실책이었다. 그러므로 우리는 여기서, 다음과 같은 의문을 갖지 않을 수 없다.

"만약 등 위원회가 이른바 친일파라고 논단한 그들이, 극비리에 민족의 독립운동자금을 지원했다는 사실을 인식했다면, 동 위원회는 그 친일파 인물들의 성분을 어떻게 규정할 것이며, 또 착취계급이라고 지목한 그들 자산가를 어떤 성분으로 규정지을 것인가?"

재산가 중에는 상당수가 일제강점기에 독립운동자금은 물론, 춘궁기에 수백석의 곡식을 풀어 빈민들을 구휼(救恤)한 경우가, 어느 지방이나 수없이 많았던 것은 한 가정이나 몇몇 세교(世交)의 집안에서 대대로 이어지는 전설과 기민비(饑民碑)가 그것을 증언하고 있으며, 또한 향토에서 대대로 전해 내려오는 그들에 대한 덕담(德談)이다. 본 필자도 조부에게서 들어 온 이야기지만, 고창지방에서도 동 위원회가 친일인물로 지목하고 있는, 김성수·김연수 형제와 홍종철이 다 그러한 애민(愛民)활동을 한 인물이었다.

동 위원회가 단정(斷定)한 이른바 친일인물들의 숫자는 4,389명이다. 그리고 그들에 대한 기술방식은, 전술한 관찬사, 신문, 잡지 등 객관적인 문헌에만 의거했으며, 친일 행위만을 기록한 것이 아니라 가소롭게도 민족교육운동 등 애국 활동까지 모두 기록하였으며, 일제강점기의 활동은 물론이고 광복이후 죽을 때까지의 행적을 모두 포함하여, 한 사람의 일대기를 기술하였다. 특히 서정주의 경우는 죽은 후의 일까지도 기록하고 있다. 이런 자의적(恣意的)이고 오만(傲慢)한 기술(記述)의 작태(作態)는 무엇을 시사(示唆)하고 있는가?

일제강점기의 친일파를 규명한다면서 왜 애국 활동까지 포함함은 물론 광복후 죽을 때까지의 그 사람의 일대기처럼 기술했는가? 이에 대해 동 위원회는 일언반구 그 이유를 밝히지 않고 있다. 그러나 삼척동자라도 그들의 속내를 훤히 꿰뚫어 볼 수 있는 치졸(稚拙)한 작태가 아닐 수 없다.

거두절미하고 단도직입적으로 툭 까놓고 말하면, 그런 큰 인물들을 이른바 '친일파'로 몰아붙이고 나니, 마음이 후련하다는 말인가? 아니면 마음이 켕기고, 꿈자리가 사나워 후환(後患)이 두려웠기 때문일 것인가?

그럼 우리는 여기서는 이른바 《친일인명사전》이라는 것에 등재된 고창지방의 인물 네 사람인 김성수, 김연수, 홍종철, 서정주에 대한 동 사전의 기록내용을 예시적으로 들어 상찰(詳察)해 보기로 한다.

김성수(서기 1891~1955)의 이른바 친일행위 규명에 대한 동원된 자료는 다음과 같다.

東亞日報 / 京城日報 / 每日新報/每日申報 / 專修大學本 / 昭道會一覽 / 國民精神總動員朝鮮聯盟組織幷役員名簿 / 京城과 仁川 / 朝鮮士錄(1931.7) / 紀元二千育百年祝典記念光策(1941.10)朝鮮年鑑(1944) / 東亞日報社史 卷一(1970) / 仁村金性洙傳(1976) / 朝鮮人學徒出陳(1997) 등이며, 동 위원회가 적시한 김성수의 이른바 친일행위는 다음과 같다.

서기 1935년 11월 '경기도 내의 사상선동과 사상범의 전향지도 보호'를 목적으로 조직된 소도회(昭道會)의 이사에 선임되었다는 것 / 서기 1937년 8월 경성군사후원연맹에 국방헌금 천원을 헌납했다는 것 / 동년 9월 학무국이 주최한 전조선시국강연대회의 일원으로 춘천, 철원 등 강원도 일대에서 시국 강연에 나섰다는 것 / 서기 1938년 7월 국민정신총동원조선연맹 발기에 참여하고 이사를 맡았다는 것 / 그리고 동년 10월 국민정신총동원조선연맹이 주최한 비상시국민생활개선위원회의 의례 및 사회풍조쇄신부 위원으로 위촉된 것 / 서기 1939년 4월 경성부내 중학교 이상 학교장의 자격으로 신성된 국민정신총동원조선 연맹의 참사를 맡았다는 것 /

서기 1941년에는 5월에 조직된 국민총력조선연맹의 이사 및 평의원을 지냈고 / 동년 8월에는 흥아보국단준비위원회 및 경기도위원을 지냈다는 것 / 이어 9월에는 조선임전보국단의 발기에 참여하고 10월에 감사로 선임되었다는 것 / 서기 1941년 조선방송협회평의원과 조선사회사업회의평의원도 겸직했다는 것 / 조선 징병제의 실시가 결정되자 서기 1943년 8월 3일자 매일 신보에 '문약의 고질을 버리고 상무기풍을 조장하라.'는 징병격려문을 기고하여 이 글에서 징병제 실시로 비로소 명실상부한 황국신민으로 되었다면서, 지난 오백년 동안 문약했던 조선의 분위기를 일신할 기회를 얻었다고 주장했다는 것/ 그리고 동년10월 20일 조선에 학

도지원병제가 실시된 이후 보성전문학교의 지원율을 높이기 위한 각종 활동에 나섰다는 것 /

그리고 동년 11월 6일 매일신보가 주최하는 '학도출진을 말하는 좌담회'에 참석하여 지원율이 저조한 이유를 조선인의 문약한 성질에서 찾았다는 것 / 서기 1943년 11월 7일자 매일신보에 '대의에 죽을 때 황민 됨의 책무는 크다' 는 글을 게재하여 죽을지도 모르는 학병에 지원하라는 것을 강조하였다는 것 / 또한 학병지원 마감일을 맞아서는 경성일보에 학병 미지원자는 모두 원칙대로 징용되어야 한다는 입장을 밝혔다는 것 / 그리고 동년 12월 7일에는 학병들이 남아 있는 가족걱정으로 전투할 때 지장을 받지 않도록 후방에서 군인원호사업에 힘쓸 것을 강조했다는 것 / 그리고 동년 12월 10일 징병검사를 맞이하여 매일신보에 '학병을 보내는 은사의 염원'을 밝히면서, 한 사람도 주저함이 없이 "영광스러운 군문으로 들어가는" 징병검사에 나설 것을 촉구했다는 것 / 이어 12월 17일 보성전문학교의 학도지원병 예비군사학교 입소식에서 "제군은 세계무비의 일원의 광영을 입게 되었으니 학도의 신분을 버리고 군인의 마음으로 규율있는 생활을 하라."고 훈시했다는 것 / 등이다.

그런데 김성수가 동경 유학시절 자기의 하숙비와 잡비를 아껴가며 민족의 중견 지도자가 될 여러 유학생을 도와주었다는 사실,

2·8 동경 유학생 독립운동 경제적 지원, 3·1운동의 사전계획이 그의 중앙고보 숙직실에서 논의되고, 또한 동 운동 계획을 막후에서 지도하며 준비금을 제공한 사실은 고장지방만이 아니라 식견 있는 사람들에게는 이미 다 알려진 사실이며, 자료에도 나온 것을, 왜 기술하지 않았는지 묻지 않을 수 없다.

또한 동 위원회가 작성한 내용에서, 김성수는 민립대학(民立大學)설립위원회에 참여하고, 개인적으로 인재 양성을 위한 중앙학교(中央學校) 인수, 보정전문 인수경영, 민족언론인 동아일보 설립, 민족물산운동의 일환으로 경성방직 건립과 그 생산 광목에 태극마크를 인쇄했던 것 등을 기록하고 있다. 동 위원회가 친일행위를 논단하면서, 이러한 민족을 위한 애국사업까지 기술한 까닭은 무엇일까?

이러한 진술방법은 집필진의 편협한 안목을 그대로 나타내고 있으며, 이러한 연구 능력의 수준으로 집필한 동 사전은 거기에 거론된 인사와 그들의 후손들에게 많은 피해를 줌은 물론 과거 우리의 선대들을 불확실한 기준으로 평가한 점에서 오는 민족적 피해는 어떻게 보상할 것인가 그것을 묻고 싶다.

여기서 분명히 이야기해 둘 것은, 김성수가 동아일보나 보성전문의 인수, 경영을 주도했다는 사실과 더불어, 한 예를 들면, 동 위원회가 친일인물로 지목한 당시 호남의 재산가였고, 오늘날 현대 아산의 현정은 회장의 조부가 되는 현준호와, 현 목포의 문태고등학교 설립자인 문재철, 그리고 6·25 동란시 납북된 전북지사였던 장현식도 각각 벼 수백 석을 영수증 없이 민족사학을 후원하였다는 사실이다. 뿐 만 아니라, 민족사학 고창고보 창립시 창립이사였던 홍종철과 필자의 증조부인 김재종, 강대직, 이휴열 등도 비밀리에 독립운동 자금의 제공은 물론 민족사학의 설립에 많은 자금을 영수증 없이 후원했음은 물론이다.

 이렇듯 당시 재산가들은 민족교육운동에 아낌없이 재산을 쾌척했던 것 이다. 이들은 요즈음처럼 무슨 수해니 화재니 재난이니 하는 경우에, 자기 성명을 밝히며 성금을 내는 그런 류의 재산가들은 아니었다. 오늘날 일부 세력이 당시 자산가들을 모조리 착취계급이라고 몰아붙이고 있지만, 이렇듯 민족의 앞날을 내다보는 뜻있는 자산가들도 많았음을 강조하고자 한다.

 일제강점기에 김성수가 독립운동자금의 비밀지원금을 '흥동장학회'와 서울 자택에서 비밀리에 지원했다는 것을 어려서부터 조부로 부터 많이 들어왔다. 그 한 예로, 독립운동연락책이 김성수 댁에 약속한 날 찾아오면, 김성수는 돈이 들어 있는 사랑방의 문갑의 자물쇠를 끌러 놓은 채 그 연락책을 맞이하고는, 사랑방 밖 사람들에게 들리도록 큰소리로 "손님, 나 잠깐 변소에 갔다 오겠소."하고 방에서 나갔다가 한 참 후에 다시 사랑에 들어가면, 그 연락책은 눈치를 채고는 문갑에서 돈을 챙겨 황급히 나갔다고 한다. 그리고는 다음 날, 집에서 도둑을 맞았다고 경찰서에 신고했다는 것이다.

우리는 여기서 다시 한번 공개 질문을 하고자 한다. "김성수가 정녕 친일파였다면 과연 그러한 행동을 했겠는가? 친일도 친일 나름이다. 외형상 친일하는 모습만 보고, 어떻게 함부로 친일파라고 단정할 수 있는가?"

필자는 외가인 어머니의 친정 재종조부인 가인(街人) 김병로(金炳魯)(대법원장 역임) 댁을, 6·25 전에 초등학교에 다닐 때, 어머니를 따라 선생을 몇 번 뵈운 일이 있고, 대학 1학년 때 겨울에 방문했을 때, 그는 "고창 놈, 네가 벌써 이렇게 컸느냐?"하면서 여러 이야기를 들려주던 모습이 엊그제만 같다. 그때 그는 고하 송진우, 인촌 김성수와 함께 일본 유학을 하던 시절부터의 이야기를 들려주며, 고하와 인촌의 죽음을 무척 슬퍼하면서 민족의 큰 일꾼을 잃었다고 탄식하던 모습이 지금도 역력하다.

그때 그는, 인촌이 보성전문을 설립했던 의미와 독립운동자금을 비밀리에 거액을 지원했다는 말도 들려 주었다. 대학재학 시절 언젠가 그의 집을 방문했을 때 "너희 같은 젊은이는 네가 전공하는 법학도 좋지만, 특히 역사 공부를 많이 하라"고 강조하던 그 말씀을, 나이가 들면서야 비로소 그 진의를 깨닫게 되었다.

혹자들은 인촌 김성수를 친일파란 낙인을 찍어놓고, 총독부를 출입하고, 학도지원병 지원 강연을 한 것을 하나의 친일 행위로 들고 있다. 그러나 우리 모두 일제강점기 당시 국내에 살았던 사람으로 돌아가 그 시대적 상황 속에서 진솔하게 생각해 보자. 과연 그 당시 학교를 경영하는 사람이 학교 관할청을 출입한 것이 그리 욕된 일인가? 또한 관할청을 출입하지 않고도 학교운영을 해나갈 재간이 있었던가? 그리고 인촌이 학교 경영자로서 관할청인 총독부를 출입한 행위가 요즈음 대학 총장들이 관할청인 교육부에 출입하는 것과 과연 무엇이 다른가?

학도병지원 강연 운운하는 것도 그렇다. 당시 일제가 태평양전쟁을 수행하는 과정에서 식민지였던 한반도가, 민족말살정책과 더불어 그들의 병참기지로 총 수탈의 대상으로, 우리 민족 전체를 그들의 전쟁 수행 자원으로 휘몰아가던 급박한 상황 속에서, 총독부의 학도지원병 강연을 어느 누가 거부할 수 있겠는가?

당시 일제는 치밀한 전쟁 지원계획을 수립해 놓고, 그를 가차 없이 수행하면서, 군입대와 노무자 모집을 징병, 징용이라는 이름으로 강제 징발하고, 이를 미화하기 위하여 지식인을 동원하여 학도병지원 입대 강연을 강제로 하게 한 것이었다. 그러나 총알받이로 목숨을 버려야 하는 당시의 처참한 전쟁터에, 어느 누가 인촌의 강연을 듣거나 서정주의 시를 읽고 감동하여 군 입대를 지원했겠는가? 그 모두가 총칼의 위협으로 강제로 끌려갔을 뿐이었다.

전세(戰勢)의 불리함을 느낀 일제가 김성수나 서정주 같은 지식인들을 군입대 지원 강연자로 앞장세운 것은, 그 모두가 사전(事前)에 짜여진 각본대로, 일제의 불가항력적인 강압에 의한 것이었다. 그런데도 불고하고 의사(義士)나 열사(烈士)들처럼, 그들 또한 꿋꿋이 목숨을 내놓으며, 일제에 항거하는 영웅적인 행동을 해야 한다는 불가항력적 기대 논조(論調)는, 그야말로 소아병적인 치졸하고 무모한 발상일 뿐만 아니라, 다분히 의도적으로 사상체계가 다른 '큰 인물 죽이기'의 불온(不穩)한 정신착란이 아닐 수 없다. 우리 형법에서도 "강요된 행위는 벌하지 않는다"고 하였다. 강요된 행위는 비판받을 수 없다는 것은 법의 인식 이전에 상식적인 논리 아닌가?

그런데도 동 위원회는 그런 법리(法理)는 그만두고라도 상식마저 무시하고, 자신들의 각본대로 흑백 논리에 입각해 일사천리적으로 《친일인명사전》이라는 문제의 자료를 남겼다. 이 작업은 천추(千秋)에 웃음거리요, 뭇 인구(人口)에 광질(狂疾)로 회자(膾炙)될 졸작(拙作)을 만드느라, 8~9년이란 긴 기간을 허비하면서 막대한 자금을 낭비하고 말았으니, 이 어찌 개탄(慨嘆)할 일이 아니겠는가! 그 보다도 동 사전이 이 민족과 역사에 폐를 끼치는 것은 일관되고 정확한 논리성도 없이 몇몇 객관적인 자료의 내용에 의거, 친일(親日)의 개념도 제시하지 않고 자의적인 기준 하에 항일 민족 애국자까지 '친일'로 묶어 놓았다는 그 점일 것이다. 더욱 우려되는 것은 이러한 편협하고 논리성이 결여 된 자료를 동원하여 일부 몰지각한 교사들에 의하여 자라나는 청소년의 역사 인식에 그릇된 영향을 줄, 그것이 더욱 염려스럽고 위험스럽기만 할 뿐이다.

김연수(金秊洙 : 서기 1896~1979)의 이른바 친일행위 규명에 동원된 자료는 다음과 같다.

朝鮮總督府官報 / 美軍政廳官報/(滿洲國)政府公報/京城日報 / 東亞日報 / 朝鮮日報 / 朝鮮經濟新報/朝鮮實業俱樂部會報 / 經學院雜誌 / 總動員 / 國民總力 / 昭知十九年任免 卷一七 / 朝鮮工民業國協會報總 제1호(1930.12) / 京城經濟統制協力創會의 件 / 經濟情報(京畿道 昭和 15年 6月~12月) / 朝鮮人關係雜卷一國民總力朝鮮聯盟(元國民精神總動員朝鮮聯盟)關係(1941) / 本日第805號 朝鮮飛行機工業株式會社株式引受의 件(1944.8.25.) / 原理事 朝鮮飛行機工業株式會社取締役就任의 件(1944.11.19.) / 本邦會社關係 東洋拓殖株式會社 / 朝鮮銀行會社組合要錄(明年度版)京城帝國大學一覽(1923) / 朝鮮功勞者名監 91935.11) / 治安狀況(1937) / 朝鮮殖産銀行20年誌(1938) / 朝鮮信託株式會社10年史(1943) / 朝鮮産業經濟調査會會義錄(1936) / 朝鮮石油株式會社經營報告書:昭道會一覽(1937) / 朝鮮臨戰報國團槪要(1941.10) / 國民總力朝鮮聯盟組織竝役員名簿(1942) / 國民總力運動要覽(1943) / 朝鮮에있어서 國民總力運動史(1945) 大陸의 開拓과 半島(1941) / 朝鮮東亞俱樂部員名簿(1941) / 京城府內經濟團體名簿(1941) / 東亞經濟朝鮮懇談會報告書(1942) / 親日派群像(1948.11) / 紺綬

褒章名鑑(1987) / 秀堂金秊洙(1985) / 京紡六十年(1995) / 제국의 후예(2008)등이다. 동 사전에 의하면, 김연수의 이른바 친일행위는 다음과 같다. 그리고 각 사항에 집필자들의 자의적인 해석을 부기하고 있다.

서기 1935년부터 1937년까지 사법보호단체인 소도회의 상무이사를 지냈다는 것 / 서기 1936년 10월 조선총독부산하 조선산업경제조사회 임원에 위촉되었다는 것 (동 조사회의 목적은 조선의 산업경제정책을 기존의 식량공급에서 일제의 필요한 지하자원과 동력 및 노동력을 공급하는 공업지대로 재편하는 것이었다.) / 서기 1936년부터 1942년까지 군수용 석유의 안정적 확보를 위해 일본에서 거대한 자본들이 중심이 되어 설립한 조선석유주식회사 이사로 활동했다는 것 / 서기 1937년 6월 조선실업구락부 감사, 동 8월 경기도 산업조사회 위원을 지냈다는 것 / 그리고 동년 7월 경성부에 국방헌금 1만5천원, 황군위문금 5천을 헌납했다는 것 / 서기 1937년 9월 애국기헌납기성회 위원으로 활동했다는 것 /

서기 1938년 8월 조선총독부 시국대책조사위 위원과 조선총독부 물가위원회 위원에 위촉 되었다는 것 / 서기 1938년 11월 경성군사후원연맹에 3천 원을 동년 12월 일본해군에 1만 원을 기부했다는 것 / 서기 1939년 2월 경성부육군병지원자후원회 이사, 국민정신총동원 조선연맹 이사로 활동했다는 것 / 동년 4월 조선총독부산하 조선중앙임금위원회 위원에 위촉 되었다는 것 / 서기

1939년 6월 경성주재 만주국 명예영사로 임명 되었다는 것 / 동년 7월 배영동지회(排英同志會)상담역을 맡았다는 것 / 동년 10월 국민정신총동원 조선연맹 사업자금으로 3만 원 헌납하여, 그 이듬해 9월 일제가 주는 감수포장(紺綬褒章)을 받았다는 것 / 서기 1939년 12월 조선총독부 시정 25주년 기념 박물관 설립비로 1만원을 기부해 서기 1943년 3월 감수포장을 받았다는 것 / 서기 1940년 1월 '총동원' 1월호에서 '장사(將士)의 노고를 연모함' 이라는 제하에 전쟁 승리를 위해 국민 전체가 일치 협력할 것을 주장했다는 것 /

동년 6월 경성통제협력회 부회장으로 활동했다는 것 / 동년 9월 선만척식회사(鮮滿拓殖株式會社)가 주최한 '만주개척민에의 참가' 라는 제목하의 강연에서 일제의 만주 침략과 만주국에 주력하자고 주장했다는 것 / 동년 10월 국민정신총동원 조선연맹을 개편한 전시 최대의 조선총독부의 외각단체인 국민총력조선연맹 이사로 활동했다는 것 / 동년 동원 조선총독부 국토계획위원회 위원에 임명 되었다는 것 / 서기 1940년부터 전시체제에서 방적부분 통제기구인 조선방적공업조합 이사장을 지냈다는 것 / 서기 1941년 1월 4일자 매일신보에서 '일억 일심 매진' 이라는 제하에 일억일심 멸사봉공 황국의 목적달성으로 매진하자고 주장했다는 것 / 동년 1월 부여신궁 조영근로봉사대에 참가했다는 것 / 동년 3월 선마척식회사 감사로 활동했다는 것 / 서기 1941년 5월 조선총독의 자문기구인 중추원의 칙임관 대우참의에 임명되어 한 차례 연임하

면서 매년 1,800원에서 2,400원의 수당을 받았다는 것 /

동년 8월 '황국정신의 고양과 시국인식의 철저, 근로부국의실행'을 목적으로 결성된 전쟁협력단체 흥아보국단의 상임준비위원을 맡았다는 것 / 동년 9월 조선임전보국단 전라북도 준비위원을 맡았다는 것 / 그리고 동 임전보국단에 박흥식, 민규식과 함께 20만원을 출연했다는 것 / 동년 10월 황국식민으로서 황도정신을 선양하는 사상의 통일, 전시체제에서 국방사상의 보급 등을 강령으로 내건 조선임전보급단이 결성되자 상무이사로 활동하였다는 것 / 동년 11월 경성상공회의소 위원에 피선 되었다는 것 / 일제의 대동아권 결성에 협력하기 위해 조직된 조선인구락부에서 활동했다는 것 / 동년 조선방송협회 상무이사, 재단법인 다산육영회(多山育英會)이사를 지냈다는 것 /

서기 1942년 1월 4일 일제의 마닐라 함락을 기념하여 자기가 경영하는 회사의 계열사에서 10만 원을 모아 국방 자제비로 조선군사령부와 해군무관부를 방문해 각 5만 원씩 헌납했다는 것 / 동년 6월 매일신보사가 전선의 일본군들에게 일장기 부채를 보내는 운동을 벌이자 부채 2,000개를 기부했다는 것 / 동년 11월 국민총력조선연맹사무국 후생부장을 맡았다는 것 / 서기1943년 8월 1일 징병제 실시는 조선인에게 '무상의 영광'이라면서 9월에 국민총력조선연맹 징병기념사업 실행위원으로 활동했다는 것 / 동년 11

월 재일조선인 유학생의 학병지원을 촉구하기 위해 최남선, 고원훈 등과 함께 직접 일본으로 건너가 활동했다는 것 / 서기 1944년 11월 징병제와 학도지원병제 실시에 적극 협력한 결과로 조선군참모장에게서 감사장을 받았다는 것 / 서기 1945년 1월 전쟁협력단체 대화동맹(大和同盟)을 발기했다는 것 / 등이다.

그런데 동 위원회가 다른 친일인물과 같이 그의 출생으로부터 광복 후의 일등, 죽을 때까지의 일대기를 소개 한 것은 마찬가지겠만, 친일인물로 지목하면서도 다음과 같은 사실도 함께 기술하고 있다. 즉, 서기 1929년부터 1944년까지 민족사학법인 재단법인 중앙학원 이사를 지냈다는 사실 / 서기 1929년 조선어사전편찬회 발기인으로 참여했다는 사실 / 서기 1930년 4월 관선 경기도도평의회원에 임명되었으나 고사했다는 사실 / (필자 주: 이후부터는 일제의 여러 기관의 직책 임명에 대해서 고사한 적이 없는 점이 예사롭지 않다) 서기 1934년 3월 보성전문학교 창립 30주년 기념사업회에 2만 원을 기부했다는 사실 / 1940년 4월 이승기 공학박사(전남 담양출신, 월북 서울대 교수, 가인 김병로의 손자로 청와대 경제수석 및 국회의원을 역임했던 김종인 박사의 외숙,)에게 1만 원 상당의 자재를 기부했다는 사실 등이다.

역시 동 위원회가 동원한 관찬사, 신문, 잡지 등의 자료에 의하면 그의 형 김성수(김성수가 백부 앞으로 양자를 갔으니 종형)보다도 재력가였고, 주로 경제계에서 활약한 인물 이었다. 또한 자료상 친일행위 면에서 보면, 외관상 그의 형보다 강하다는 사실을 인식할 수 있다. 그리고 그는 자기 형 김성수가 설립한 경성방식을 인수하여 경영하면서 그 제품에 상표로 '태극' 마크를 계속 사용했는데, 그 이유를 어떻게 설명해야 할지? 독자 여러분의 판단에 맡기겠다.

수당 김연수는 일제의 '권고'로 전남 함평, 전북 고창지역에 간척지를 개간한 바 있다. 이는 말이 '권고'이지 실은 일제의 식량증산정책을 수행하기 위한 묵시적 강압의 지시였다. 간척지 사업은 김연수 자신의 자본에 의한 것이었다. 운용 문제에 대해서도 동 위원회는, 간척지 개간에 빈민들의 노동력을 착취해 막대한 이윤을 획득했다는 기술(記述)로 일관(一貫)하고 있으니, 가히 이런 동 위원회의 논단(論斷)은 흑백논리의 수훈감이라 할만하다.

김연수가 자기 자본을 들여 개간사업을 운영하며 이득을 낸 것도 사실이지만, 그보다 당시 빈민이었던 간척민들이, 그 간척지에서 일제 말기 허기진 가난의 배고픔을 면했다는 것이 더욱 중요한 사실이다. 그렇다면 등 위원회가 김연수의 친일행위를 그렇게 혹심하게 파해치면서도, 당시 그가 개간한 간척지에 의지해 생계를 유지할 수 있게 해준, 간척민들에 대한 구휼적인 활동면은 어떻게 해석해야 할 것인가? 왜 그 구휼적인 활동은 묵살하는가? 당시 간척민을 무상의 노동자로 관계기관에 의탁 강제동원한 것도 아니고, 임금에 의한 노동력의 동원 아니었던가? 집필자가 지적한대로 한 친일파가 자신의 자본으로 일군 함평·고창지역 간척지를 단순히 힘없던 무산계급이 착취당했던 현장으로만 보아야 할 것인가? 그것이 알고 싶다.

　김연수가 잘 알려져 있지 않은 서기 1910년대 이후 고창의 '흥동장학계(興東獎學會)'[96]의 계원으로 활동하면서 비밀리에 상해임시정부 독립자금도 많이 냈다. 그것을 어떻게 판단해야 할 것인가? 친일하기 위해서 동 흥동장학회의 계원이 되었을까?

　위에서 보듯 김연수는 자료상으로보면 동 위원회가 거론하는 전쟁 수행을 위한 비행기 헌납금, 일제의 장병을 위한 황군위문금의 납부, 일본해군에 기부 등 외형적으로 보면 친일행위자이다. 그러나 사업가는 이익을 중시하면서도 그 보다 더 기업의 무사 경영을 더 중시한다. 김연수처럼 막대한 기업을 운영하면서 일제의 불가항력적인 위압 속에서, 일제에 대한 일말의 협조를 거부한다는 것은, 당시 상황에서는 도저히 기대할 수 없거니와 설령 협조했다 하더라도 그러한 행위는 대사업가였던 김연수에게는 당시의 상황하에서 이른바 위압이나 강요된 행위나 다름 없었을 것이다. 또한 김연수가 어느 일제기구의 직책에 있었다는 것도, 어떤 일제의 정책결정에 중대한 영향을 줄 수 있는 그런 자리가 아닌 명목상의 자리

---

96) 동 흥동장학회는 서기 1914년 전북 고창군 성내면을 중심으로 일제의 통한에 서린 고창, 정읍지역 등 거주 애국지사들이 교이극일(敎而克日)의 사상으로 면학할 것과 독립운동을 목적으로 백락윤(白樂允),이순열(李舜列), 황상익(黃尙翼), 백관수(白寬洙), 이휴열(李休烈), 이갑수(李甲洙), 황서구(黃瑞九) 등이 발기, 계를 조직하여 회원 96명의 계원을 확보하였다. 주요활동으로는 항일독립운동의 자금조달과 장학활동이었다.

에 불과했던 것이다. 이점은 김성수, 홍종철의 경우도 마찬가지였다.

한편 김연수는 서기 1929년부터 1944년까지 자기 형인 김성수가 주도적으로 운영하는 재단법인 중앙학원의 이사를 역임했고, 그 어려운 시기였던 서기 1934년에는 보성전문학교 창립 30주년 기념사업회에 2만 원을 기부하기도 했다. 그뿐이 아니었다. 그의 형 김성수와 같이 독립운동자금도 비밀리에 수없이 지원했다는 사실도, 당시 그와 교류했던 집안에서는 다 전해 내려오는 공공연한 실화이다. 그런데 문제는 실증할 수 있는 증거가 있느냐? 하는 것이다. 물론 실증주의에 함몰되어 《친일인명사전》을 편집한 동 위원회는, 이런 사실을 뒷받침할 증거를 댈 수있는가?하고 거세게 반문할 것이다. 그러나 본 필자는 그들에게 되묻고 싶다.

"세상에 어느 나라치고, 목숨을 건 독립운동 비밀지원금을 영수증 처리를 하는가?" 현대라는 오늘날에도 국가 정보기관, 국가기밀 관련 기관이 이른바 국가기밀비, 정보비 등을 영수증 처리하는 것을 보았는가?

홍종철(洪鍾轍 : 서기 1890~1973)에 대한 동 위원회의 이른바 친일 행적의 규명자료는 다음과 같다.

朝鮮總督府官報, 朝鮮總督府官報及所屬署職員錄, (日本內閣)官

報, 東亞日報, 每日申報, 時代日報, 中外日報, 朝鮮中央日報, 朝鮮中央日報, 自由新聞,(昭和五年三月)內地人地主所有地調, 朝鮮紳士錄(1931), 朝鮮總督府施政二十五周年記念表彰者名監(1931.7), 紀元二千六百年祝典記念榮光錄(1941.10), 朝鮮臨戰保國團槪要(1941.8), 朝鮮銀行會社組合要錄(名年度版), 全國主要企業體名鑑(1956), 反民特委調査記錄(洪鍾轍篇) 등이다.

동 위원회가 제시한 홍종철의 친일행위는 서기 1910년 고창 공립보통학교 학무위원을 지냈다는 것 / 또 현금과 미곡을 기부하여 조선총독부가 주는 목배 1조(組)를 받았다는 것 / 서기 1914년 고창소방조 설비를 기부하여 총독부로부터 목배 1조를 받았다는 것 / 서기 1915년 이른바 다이쇼(大正)천황즉위기념 대례기념장을 받았다는 것 / 서기 1916년 7월부터 전라북도 지방토지조사위원회 임시위원으로 일제의 토지조사사업에 협력했다는 것 / 서기 1924년 전라북도 도 평의원에 당선되었다는 것 / 서기 1927년 4월부터 전라북도 도평의원에 당선되었다는 것 / 서기 1928년 11월 소위 쇼와(昭和)천황 즉위기념대례기념장과 교육공로자 표창을 받았다는 것 / 서기 1930년 4월 전라북도민선 도평의회원에 당선되었다는 것 /

서기 1930년 6월 조선총독부의 자문기관인 중추원주임관 대우 참의에 임명되어 '33년 6월까지 매년 600원의 수당을 받았다는 것 / 서기 1931년 고창군 학교평의회에 선출되었다는 것 / 서기 1933년 5월 전라북도 관선 도회의원에 임명되었다는 것 / 서기 1934년 9월 광주세무감독국 정읍세무서 소득조사위원회위원 위촉된 것 / 서기 1935년 5월 전북도청의 회의원들로 구성된 만주시찰단의 일원으로 만주시찰 했다는 것 / 동년 10월 시정 25주년 기념표창과 은배 1조를 수령했다는 것 / 서기 1935년부터 고창어업조합장을 지냈다는 것 / 서기 1937년 5월 전북관선 도회의원에 재임명된 것 / 서기 1940년 11월 기원 2600년 축전기념식전 및 봉축회에 초대받고 기원 2600년 축전기념장을 받았다는 것 / 서기 1941년 9월 전시 최대의 민간전쟁협력단체인 조선임전보국단의 결성 때 전북발기인으로 참여했다는 것 / 서기 1944년 부안면장으로 재직하면서 무리한 공출과 선산(先山)의 목재를 군용으로 벌채하여 주민들의 원성을 받았다는 것 / 등이다.

그런데 친일행위와는 무관한 민족교육운동과 민족사회운동도 기록하고 있다. 서기 1920년 민족언론인 동아일보사 설립발기인으로 참여하여 무상주 3만주를 쾌척했다는 사실 / 그리고 교육분야에서 서기 1922년 2월 고창고등보통학교 설립기회성회 부위원장 겸 간사를 거쳐 서기 1923년 7월부터 사립고창고등보통학교 전임이사를 담임했다는 것 /

(필자 주: 그런데 동 위원회는 홍종철이 고창고보 설립 당시 고창군내 천석꾼 이상 재산가 13명이 각각 무조건 1만원 (당시 벼1섬 가격은 20원)을 냈고,

그는 그외 일반 영세 군민이 내야할 희사금 3,600명 분을 추가로 전담하였다는 것은 고창지방 사람이면 다 아는 사실조차 기술하지 않았다)

그러나 그의 많은 애국활동이 기록되지 않고 누락 되었다.

상기한 바 있는 '흥동장학회' 계원으로 활동하면서 상해임시정부에 비밀리 독립자금을 지원한 것, / 서기 1926년 전주여자고등보통학교 설립시 300원을 희사했다는 것 / 그리고 광복 후의 일이지만 고창여중설립시 토지 2만평을 희사한 것 / 무장중학 설립시 토지 2만평 희사 / 서기 1945년 10월 15일 사회교육재단(훗날 영우학원으로 변경, 오늘의 동덕여대 재단 전신)을 설립하기 위하여 사유재산 493,381평의 토지를 희사한 것 / 또한 사회구휼사업으로 서기 1924년 구제비 500원 희사 / 서기 1926년 고창군 아산면 대동리와 주진리 100여 호에 정조 1두씩 분배하여 흉년에 구제함은 물론, 부근의 빈곤한 노인에게 소고기 4근씩 보냈다는 것 / 서기 1927년 고창군 아산면 주진천 유역의 보를 축조하는데 1,500원을 희사했다는 것 / 서기 1936년 고창군 심원면의 참상을 보고 정미 20석을 기부한 사실[97] / 등은 아예 기술하지도 않았다.

그리고 서기 1923년 4월 민족 언론인 동아일보 고창지국 고문을 한 것/ 다음 해 9월엔 시대일보 고창분국 고문을 지냈다는 것/ 서기 1924년 흥해농장경영 등의 개인사업 활동은 기술하고 있으며,

---

97) 전북사학 제 36호.

광복이후 홍종철의 사망 당시까지 그의 평생의 일대기를 기술하고 있는 것이다.

서정주(徐庭柱 : 서기 1915~2000)의 친일행위에 대한 동 위원회의 자료는 다음과 같다.

동아일보 / 조선일보 / 매일신보 / 자유신문 / 시인부락 / 인문평론 / 국민문학 / 문예춘추 / 춘추 / 신동아 / 현대조선임명사전(1962) 등이다.

동 위원회가 서정주에 대한 이른바 친일행위의 기록에는 김성수, 김연수, 홍종철 등 그 누구보다도 많은 분량인 3면이 넘으며, 광복이후의 행적뿐만 아니라 죽은 뒤의 일까지도 기록했다. 동 위원회가 지적한 서정주의 친일행위는 다음과 같다.

서기 1943년(10.17~23) 최재서와 같이 용산주둔의 조선군이 김제평야에서 진행한 전쟁연습에 조선군보도반원 자격으로 종군했다는 것 / 서기 1944년 2월까지 일본어로 간행된 친일노선의 문예지인 '국민문학'과 '국민시가'를 편집했다는 것 / 그리고 그는 주로 시, 소설, 잡문, 평론 등을 통해 일제에 협력했다는 것으로 다음과 같은 것을 들고 있다.

서기 1942년 7월(7.13~17) 매일신보에 평론 시의 이야기-주로

'국민시가에 대하여'를 발표했던 바, 이 글은 미요시다쓰지(三好達治)의 영향을 받았고, 이러한 국민시가론에 입각하여 일련의 친일시를 창작하고 발표했다는 것 / 서기 1943년 '국민문학' 10월호의 '항공일(航空日)'이라는 시는 친일시의 방향을 잘 보여주고 있다는 것으로, 이 시의 의미를 동 위원회에서는 자의적으로 해석하여, 시 속에 나오는 '하늘'을 이른바 '천황'으로 해석하여, 대동아공영권의 진서에 동화되고 싶은 욕구를 나타냈다는 것이다.

그리고 서기 1943년 11월 16일자 '매일신보'의 '헌시(獻詩)'에는 '반도 학도특별지원병 제군에게'라는 부제가 달려있는데, 이를 동 위원회가 해석하기를, '일제의 제2차 세계대전과 학도 지원병의 영웅적 전투행위를 그리면서, 조선학생들에게 학도지원병 출정을 독려했다'는 식으로 해석하고 있다. 그러나 당시의 목숨을 바쳐야 하는 극한상황에서, 서정주의 시에 감동되어 출정한 조선학생이 과연 몇 명이나 되겠는가? 모두가 총칼의 위협에 강제로 끌려갔을 뿐이다.

서기 1944년 《국민문학》 8월호에 '부제-사이판에서 전원 전사한 영령을 맞이하며'를 발표하여, 옥쇄한 병사들과 하나가 되어 적과 맞서 싸우자고 선동했다는 것 / 서기 1944년 12월 9일자 '매일신보'에 '松井伍長 頌歌'를 발표하였던 바, 이는 동년 11월 24

일 조선인 출신 소년비행병으로 제일 먼저 가미카제(神風)특공대로 전사한 인재웅(印在雄)오장을 추모한 내용으로, 미·영연합군에 대한 적개심을 드러내면서, 소년조선병사의 죽음을 대동아공영권건설을 위한 영광스런 자기희생으로 찬양했다는 것이다.

그러나 이는 완전히 일제의 허위사실 날조에 놀아난 꼴이 된 것이다. 당시 인재웅(印在雄)은 창명이씨 송정수웅(松井秀雄)으로, 그는 가미카제 특공대로 전사한 것이 아니라, 일반 비행병사로 출정하여 미군의 포로가 되었다가, 서기 1946년 1월 10일 미국 포로수송선을 타고 인천으로 입항했던 자이다.

(필자 주: 당시 가미카제 특공대는, 비행기에 다량의 폭탄을 싣고 하와이에 정박 중인 미군의 군함으로 돌진하여 비행기와 함께 산화하는 죽음의 특수부대로 도저히 살아 돌아올 수 없었다.)

매일신보(1943.9.1.~9.10)에 수필 '인보정신(隣保精神)'을 발표하여 이웃 간에 일어난 촌극을 통해 일본 국기에 대한 흠모의 정을 그렸다는 것 / 조광(朝光)잡지(1943.10월호)의 '스무살 된 벗에게'와 '춘추(春秋)'(1943년 10월호)잡지의 '징병 적령기의 아들을 둔 조선의 어머니에게' 등에서는, 일제의 징병(徵兵)에 젊은이와 어머니들이 적극 부응해야 한다고 선전했다는 것 / 조광(1943년 11월호)에 게재한 소설 '우체부의 군속지망'은, 최씨 성을 가진 조선인 우체부가 군속을 지망하는 과정을 다룬 소설인데, 이 소설을 통하여 일제의 침략전쟁에 복무하는 것이 부와 명예를 누리는 첩경임을 노골적으로 표현하였다는 것 / 서기 1943년 10월에 조선군보도단원 자격으로 조선군의 추계연습에 종군한 체험을 기록한 종군기(《춘추》, 1943년 10월호)와 '나의 보도종군'(《군민문학》(1943년 12월호) 등을 잇달아 발표했다는 것 / 등이다.

위에서 보듯, 동 위원회는 서정주가 발표한 작품을 들어 일일이 그의 친일행위를 지적하고 있다. 일제강점기인 그 당시에 그는 연령으로 보나 경력으로 보나 그 위치에 있어서나, 김성수, 김연수와는 비교가 안 될 정도로 미미한 행동을 한 동향 후배였을 뿐이며, 또한 그 당시에 그의 작품을 실은 신문이나 잡지의 독자층은 극소수의 지식인에 불과했을 뿐만 아니라, 전술한 조선인 소년비행병사 인재웅의 경우처럼, 자기가 경험도 하지 못한 일을 사실처럼 묘사해야 했던 20대 문학청년 서정주의 당시 작품 활동은, 막강한 미국의 상대로 전시체제인 일제의 '강요된 행위'로 밖에 볼 수 없는 것이다. 이는 6.25때 납북되었거나 월북한 작가들의 북한에서의 작품 활동이 어떠했는가를 상고(詳考)하면 쉽게 이해할 수 있는 일인 것이다.

한편 그의 친일행위와는 관계없는 애국활동 경력도 기술하고 있다. 특히 그의 중앙고보에서의 퇴학과 고창고보의 자퇴사건은, 비록 그 내용에서는 언뜻 스친 기록이었지만, 이 사건은 서정주가 독립운동과 계몽운동에도 참여했다는 것을 드러내고 있는 것이다.

이점에 관하여 서정주의 동생 서정태(서기 1923년생, 시인, 필자의 선고(서기 1920년생)와 고창고보 입학 동기의 친구)는, 서기 2013년 6월 14일에 서정주 생가 바로 옆집인 그의 집에서 만난 필자에게 대략 다음과 같은 증언을 해주었다.

형님이 중앙고보에서 퇴학을 당한 것은 2학년 때였습니다. 퇴학의 이유는 광주학생운동 당시 만세운동의 주동자 6명중 1명이었다는 것입니다. 그리하여 고창고보로 편입하게 되었습니다. 형님이 한때 고창읍 월곡리에 살게 된 것도 그 때였습니다.

3학년 때 '독서사건'에 주모자로 연루되어 퇴학 당할 경우였으나, 당시 담임 홍모씨(와세다 출신, 47세)의 도움으로 권고퇴학(자퇴)되었습니다. 당시 '독서회사건'은 광주농고에서 시작되어 전국으로 파급되었으며, 일제의 눈으로는 불온서적을 읽는 비밀모임이었습니다. 당시 고창고보 독서회원에는 유일석(柳日錫:서울공대교수이며 전 민의원 柳津의 동생), 박병기(전 전북지사 박정근의 아들)등 이었으나 형님만 발각되었습니다. 이상은 형님의 20세 이전의 행적입니다…….

그리고 형님에 대한 사건을 말하겠습니다. 형님은 독서회사건 후 상경하여 문학서적을 많이 접하다 보니 문학을 하게 되었습니다. 그 당시는 문학을 한답시고 장발로 지내다 보니까, 고창경찰서 형사가 수시로 집에 들락날락했습니다. 당시 고창경찰서고등계 형사 이하라(井原:일본인)는 자신이 학교 다닐 때 문학서적을 많이 읽고 해서, 형님은 어리지만 서로 문학을 좋아하여 친교를 맺어 당시 번역된 세계문학전집을 서로 돌려가며 읽으며 토론도 하곤 했습니다. 그런 이하라가 진급되어 도경찰부 과장(서장과 동급, 계급 경시)으로 전근되어 근무하게 되었습니다.

1943년 5월 초 당시 고창고보생이었던 박형만, 김판술 등은, 연극단을 조직하여 각 면을 순회하며 신파연극을 하고 다녔습니다. 그런데 이들은 당시 고창경찰서 고등계 형사 이윤길(李允吉:조선인)에게 연행되어 취조를 받게 되었습니다. 연행이유는 첫째 연극내용이 독립정신 고취하는 것, 둘째 누구의 영향을 받았나?라고 묻자 서정주의 영향을 받았다고 자백한 것이었습니다. 당시 형님이 서울 흑석동에 거주하고 있을 때입니다. 그때는 우울한 심정에 문학을 한다고 더벅머리로 서울에 거주하며 가끔 할 일 없이 고향을 왕래하던 참이었습니다. 이윤길은 반일분자 대어(大魚;?)를 낚겠다고 생각하고, 형님이 당시 흑석동에 거주하고 있을 때 체포되어, 고창에 압송되었습니다. 즉시 이윤길은 도경찰부에 보고했습니다. 그런데 동 사건을 관할한 것은 형님과 교분이 있던 이하라 하였습니다. 이하라가 사건을 검토하니 자기와 친했던 형님이 연루되어 있어, 직접 고창으로 내려와 형님을 취조, 심문했습니다. 그런데 취조중에 형님은 이하라를 친하다고 믿었던지 "피곤하니 조금 쉬었다가 조사하시죠?" 하니까 이하라는 아무리 너와는 친하지만 사건은 사건이다. 하며 "건방진 녀석!"하고 뺨을 때리고 구둣발로 차며 조사실을 빠져나와 전주로 올라갔는데, 뜻밖에도 동 사건은 '혐의 없음'의 지시를 내려, 46일간의 구속에서 풀려나 형님은 귀가했던 것입니다. 우리 가족의 생각으로는, 그 이하라 도경(道警)과장이 형님을 불문에 부쳐서 구해준 것이 아닌가 생각하고 있습니다…….

우리는 서정태의 증언에서 보듯, 그의 형인 서정주의 당시 국가와 민족을 생각하던 그 심정의 심연(深淵)을 읽을 수 있는 것이다.

서정주는 객관적 외형상으로 보면 그의 친일행위를 인식할수도 있겠지만, 그를 '친일파'라고 단정하여 매도하는 것은 가당치 않은 처사이다. 미당 서정주는 자타가 공인하는 현대 한국시단의 최고봉이다. 그가 추천해 준 고은 시인은 서정주를 일컬어 한국문단의 '시(詩)의 정부(政府)'라고 극찬한 적도 있다.

일제강점기의 불가항력적인 일제의 강요에 의한 친일행위를 차지하고라도, 한국시단(詩壇) 내부의 파벌 갈등으로 인하여, 서정주는 늘 시기 질투의 표적을 벗어날 수 없었다. 그리하여 이 땅의 대 문웅(文雄) 서정주는, 죽을 때까지 그림자처럼 따라다니는 온갖 구설수에 시달려야만 했다. 고은 시인도 그를 최초에 문단에 추천한 서정주를 위에서처럼 극찬 했지만, 말년엔 또 서정주를 심하게 공격했지 않았는가? 거목(巨木)일수록 바람을 잘 맞는다고 했던가?

서정주의 시(詩)는, 그가 죽은 후에도 친일시(親日詩)로 매도당할 뿐만 아니라, 온갖 비열하고 치졸한 혹평을 하는 무리들이 끊이지 않고 있다. 참으로 가소로운 일이 아닐 수 없다. 그의 대표작인 '국화 옆에서'(서기 1947년 11월 9일자, 경향신문에 발표)를 도마 위에 올려놓고 쇠파리처럼 앵앵거리는 소리를 들어보자.

"국화(菊花)는 일본 황실의 문양이자 국화(國花)인데, 하필이면 '국화(菊花)'를 시제(詩題)로 한 것은, 그가 일본 황실을 그리워하기 때문에 시제(詩題)로 택한 것이다."

국화는 예부터 우리의 선비들이 좋아하는 사군자(四君子)의 하나이다. 벌 나비 질탕한 계절을 피해 무서리를 맞아가며 청향(淸香)을 피우고 고절(孤節)을 지켜내는 꽃이다. 국화가 어디 일본 황실만 좋아하는 꽃이더냐? 지조와 절개를 지키는 사람이면 세상의 어느 누구라도 좋아하고 문양으로 삼는 꽃이 국화 아닌가?

서정주를 친일파로 매도하는 그들의 안목대로라면, 빨간 넥타이를 좋아하면 빨갱이라서 그렇고, 춘삼월에 화사하게 만개하는 벚꽃을 좋아하면 벚꽃은 일본의 국화(國花)인데, 친일파라서 벚꽃을 좋아한단 말이 아닌가?

그리고 동 《친일인명사전》은 다른 경우와 마찬가지로 광복이후 그가 세상을 떠날 때까지의 이력을 적고 있을 뿐만 아니라, 유독 그에게는 그의 사후(死後)에 그와 관련된 행사에 대해서도 기술하고 있으니, 이는 다분히 편집상으로도 균형 잃은 처사이며, 동 위원회의 역력한 편파성을 노정시키는 행위인 것이다.

제4절 이른바 친일행위 진상규명에 대한 반성
- 예시(例示) : 고창지방의 김성수 · 김연수 ·
홍종철 · 서정주의 친일파 논단 문제 -

1. 고창지방의 이른바 친일 인물에 대한 기술(記述)의 공통점

우리는 이상에서 동 사전에 기록된 이른바 친일 인물들의 행적을 인식하였다. 동 사전의 기술형식은 천편일률적으로 한 인물에 대하여 출생으로부터 죽을 때까지의 행적을 다루고 있다. 또한 시간적으로 '친일인명사전' 사전이라면 그 공간적으로는, 일제침탈에 의한 주권상실기의 암울했던 시기의 친일행위만을 다루어야 할 터인데도. 애국활동도 기술하고 있음은 물론 광복 후 죽을 때 까지의 전 생애를 통한 행적을 기술하고 있다.

더욱이 서정주에 대해서는 그와 동향인 김성수, 김연수, 홍종철보다도 연소하고, 일제강점기 당시 한 청년으로서 사회적인 위치 역시 다른 동향의 선배에 비하면 미미했는데도 불구하고, 그에 대한 기술의 분량 지면이 배 이상으로 많고, 더욱 특이한 점은 그의 사후 그와 관련된 각종 행사까지 기술하고 있다는 점이다. 이는 전술한 바와 같이, 민족의 거목 등을 일방적 자의적으로 친일파로 논단한 데에 따르는, 심리적 중압감과 두려움 때문이라고 판단하지 않을 수 없는 일이다.

이러한 기술방식은 동 위원회가 제시한 본문 서술원칙과 서술순서에 따른 것이다. 즉 '서술원칙'은 원자료에 근거해 명백하게 입증할 수 있는 객관적 사실만을 채택하는 것을 원칙으로 한다는 것이고, '서술순서'는 생년월일, 출생, 출신지, 호, 이명, 개명, 가계, 학력, 일제강점기의 경력과 해방이후 경력과 행적 순으로 서술한다는 것이다.

이러한 동 위원회의 서술원칙을 보면, 동 위원회는 실증사학(實證史學)의 방법론을 택하고 있다는 것을 인식할 수 있다. 앞에서도 언급했듯이 실증사학(實證史學)은, 실증자료(實證資料)가 희박할 수 밖에 없는 인간의 정신활동적인 측면을 완전히 배제함으로써, 오늘날 '영혼이 없는 사학(史學)'이다. 따라서 동 위원회가 실증사학의 방법론을 택했다는 것은 그 방법적인 한계성으로 인하여, 이른바 친일인물의 규명에 있어, 정신적인 측면을 완전히 배제하고 외적인 외형상의 행위만을 보고 기술하는, 치명적인 오류를 범하고 있다는 것을 자인(自認)하고 있는 것이다.

동 위원회가 동원한 자료는 성격상 일제의 관찬자료이거나 이에 준하는 문헌 내지 신문·잡지 기사 뿐 이다. 당시 암울했던 상황에서 배일적(排日的)인 기사는 게재할 수 없었다는 것을 우리는 잘 알고 있다. 더구나 그러한 상황에서 항일독립운동의 자금지원 같은 것은 도저히 기사화할 수 없었다는 것도 잘 알고 있음은 물론 독립운동 지원 자금에 대한 영수증 처리를 했다는 말도 여태 들어 본 적이 없다. 당시 호남의 부호나 지식인들은 외견상 친일행위를 했다하더라도, 극비밀리에 막대한 독립운동자금을 지원했다는 것은 공공연한 사실이다. 앞에서도 언급 했지만 김성수, 김연수, 홍종철 등이 모두 그러한 대표적인 인물이었다.

우리는 지금까지의 기술에서 보듯, 김성수도 김연수도 홍종철도 모두 동 위원회가 동원한 자료를 보면 외견상으로는 일부 친일행위를 했음은 사실이나, 그 친일행위라는 것이 일제의 주구(走狗)로 어떤 중요한 일제의 정책 결정에 개입하거나, 자유로운 의사에 의한 적극적인 행위를 하지 않은 그저 명분 뿐인 직위에 있었다는 것도 사실이다. 그리고 한 편으로는 민족교육을 위해 노력했고, 비밀리에 항일독립운동 자금지원도 했으며, 당시 억압된 질곡의 상황 하에서도 내 향토(鄕土)의 빈민구제에 대한 노력했다는 것도 사실이다.

그런데 동 위원회는 친일 인물로 거론하면서 무슨 이유로 친일행적과 상반되는 애국과 민족교육운동은 물론, 동 사전의 집필의 주된 면이 친일행위라면 그 시간적 공간은 일제강점기이어야 할 터인데도 동 인물의 광복 후의 죽을 때까지의 행적을 거론한 것인가 그걸 알고 싶다. 이러한 집필의 태도, 그것은 결코 정당한 사필(史筆)과는 한참 거리가 먼 자의적인 곡필(曲筆)이 아닐 수 없다. 우리는 여기서 집필진의 논리적 집필수준도 가히 짐작할 수 있다.

더구나 친일행위의 대상자 선정에서 일정한 재력가나 일정한 직위에 있었던 지식인만을 거론한 것은, 맹자의 이른바 "오십보, 백보."의 논리마저 일탈한 무능하고 졸속적인 처사라 아니 할 수 없다. 만일 진정으로 친일행위를 한 자라면, 지위 고하를 막론하고 친일인물로 규정해야 할 것이다. 그럼에도 불구하고 친일파로 기록하느냐? 마느냐? 하는 기준선을, 그 어떤 국민적 합의는 그만두고라도 일반 관련 전공 학회와 연계한 공동연구도 없이 동 위원회가 일방적, 자의적으로 그어 놓고, 어떤 직위나 일정 이상의 재력가만을 대상으로 한다는 것은, 그 이하의 자에게는 면제부(免除符)를 주는 격으로, 이는 참으로 일반 조직사회에서도 조차 볼 수 없는 방자한 행위요, 또한 볼강스러운 작태(作態)가 아닐 수 없다 할 것이다.

　더구나 동 연구소나 동 위원회는 정부나 국민으로부터 친일행위의 진상규명에 대한 어떤 전권을 법적으로 위임받은 바도 없고, 친일행위를 심판할 위원 선정에서도 그 어떤 관련 학회와도 또는 그 방면의 그 어떤 전문가와도 연계한 것이 아니다. 다만 자기들의 자의적인 목적의 일환으로 친일행위자로 단정하고는 그 인물들을 전 생애의 역사적 공간에 묶어두고 일방적으로 기술하고 있는 것이다.

　동 위원회 위원장인 윤경로는 《친일인명사전》 출판기념사인 〈제2의 독립운동 '친일청산'〉이라는 제하의 글에서 다음과 같이 기술하고 있다.

…… 《친일인명사전》은 우리가 걸어왔던 시대를 좀 더 객관적으로 올곧게 이해하고 평가하는 기초자료로 기대합니다. 더불어 이 사전이 역사 속에서의 삶이 어떠해야 하는가를 끊임없이 묻게 하는 '역사의 등대' 역할을 하였으면 합니다……

그러나 그들의 가당찮은 치졸한 자부심과는 달리, 동 사전의 집필 태도, 채증방법, 그 의도성에 대하여 끊임없는 논란과 더불어, 동 인명사전에 대한 반성으로 만인이 공감하는 진정한 친일파 인명사전의 출간(出刊)이 머지않았음을 부인할 수 없는 심정임을 밝혀둔다.

2. 시대적 상황의 불인식에 대한 반성

동 위원회가 《친일인명사전》을 집필하는데 있어서, 주권상실기인 '일제강점기'의 암울한 상황 속에서도 특히 서기 1930년대 이후 광복 직전까지의 상황을 전혀 인식하지 못하고 있는 것 같다.

동 사전을 보면, 집필위원들은 외형적인 채증 자료만을 보고, 그저 한 인물의 평생 행적을 연대순으로 간략하게 정리해갔을 뿐이다.

그러나 인간의 행동은 반드시 시대적 상황을 떠나 유리될 수는 없는 것이다. 우리가 익히 인식하는 바이지만, 서기 1900년 초반에 들어서서 우리의 국운은 점점 쇠운에 들어섰고, 급기야 서기 1930년대 중반 이후부터 광복 전야까지는, 일제의 한민족 말살정책과 전쟁 수행을 위한 총동원령 하에 우리 민족은 삶의 방향마저 상실한 채, 일제의 강박적인 명령에 따를 수밖에 없는 불가항력적인 시대적 공간이 바로 한반도였다.

　이런 시대적 상황 속에서, 국내에 거주하며 공공연한 항일운동을 기대한다는 것은 어불성설(語不成說)이 아닐 수 없다. 바로 이런 점에서 이른바 《친일인명사전》은 그 집필 원칙부터 심각한 오류를 범하고 있다. 당시 강박적인 그런 상황 속에서, 그나마 일제에 항거하며 은연중 민족의 힘을 기른 인물들은, 국내에서는 이른바 '친일'이라는 가면을 쓰고 일제에 조금씩 협력 하는 척 하면서 비밀리에 민족운동을 주도한 지식인과 자산가들이며, 국외에서는 국내 자산가들이 비밀리에 지원하는 독립자금으로 움직이는 지식인 주도 하의 독립투사들이었음을 부인할 사람은 아무도 없다.

　그런데도 불고하고 실증사학(實證史學)에 함몰된 동 위원회 집필진은 아무런 실증자료가 없다 하여 이를 전면 배제하였음은 물론 연구방법의 차선책으로 '증언(證言)'이나 '전설(傳說)의 원용(援用)'마져 외면하고 말았으니, 참으로 통탄할 일이 아닐 수 없다.

　이제 여기서 우리는 서기 1910년대로부터 1940년대 전반기까

지의 일제식민지 정책의 시대적 상황의 특징을 이해할 필요가 있다.[98]

그것은 동 연구에 있어서 하나의 예시한 경우이지만, 고창지방이 이른바 친일인물이라고 낙인찍힌 김성수, 김연수, 홍종철, 서정주 등의 친일 행적의 역사적 활동공간을 정확히 인식하기 위해서이다.

(1) 서기 1910년대의 상황

일제는 우리나라를 식민지통치를 하기 위해 주권침해기의 통감부 대신 '조선총독부'라는 식민지통치기구를 설치하였다. 총독은 군의 대장 중에서 임명되었고, 일제의 내각총리대신과 동격으로 우리나라의 입법, 행정, 사법 및 군통솔권까지 장악하여 무소불위의 통치권력을 휘둘렀다. 초대 총독은 서기 1910년 5월에 통감으로와 있던 사내정의(寺內正毅)라는 자가 맡았다.

그는 우리 민족의 저항이 워낙 강한 것을 알고 있었기 때문에, 헌병이 경찰업무를 맡도록 하는 이른바 헌병경찰제를 실시하여 법, 행정에도 관여할 수 있는 광범위한 권한을 부여하여 우리 민족의 생살권을 행사하였다. 또한 일제는 2개 사단의 병력을 경향 각지에 배치하여 무력 통치조직을 구축하였으니, 문자 그대로 파쇼 독재정치가 시작된 것이다. 한편 일제는 이완용을 비롯한 매국노

---

98) 한영우, 다시 찾은 우리역사(근대·현대) 제3권, 경세원, 2005, 87~164. 邊太燮, 四訂版 韓國史 通論, 三英社, 1988, 411~468 두 저서를 기본으로 하야 정리 작성한 것임.

들에게 귀족의 작위와 함께 이른바 은사금(恩賜金)을 주고, 중추원(中樞院)이라는 형식적인 자문기관을 두어 왕족과 송병준 등 매국노들을 의관(議官)에 임명하였다. 중추원은 관습조사와 같은 하찮은 일들을 자문하는 기관이었다.

또한 총독부는 항일민족운동을 발본색원할 목적으로, 서기 1910년의 '안악사건'과 그 다음해 '105인사건' 등으로 애국인사들을 대량으로 체포, 구금하였고, 국권 강탈 후의 모든 정치결사를 해체시켰으며, 민족 언론지를 폐간시키고, 경성일보, 매일신보, 조선공론 같은 어용신문과 잡지만 발행하도록 하였다. 또한 서당규칙(서기 1918)을 제정하여 서당의 설치와 교육내용을 통제했을 뿐만 아니라, 우리 민족을 위압하기 위해 일반관리나 심지어 교원에게도 제복을 입히고 칼을 차게 함으로써, 민족교육은 급속히 약화 되었고 그야말로 식민지 노예교육이 시작 되었던 것이다.

을사늑약 이후부터 토지침탈에 광분하고 있던 일제는. 국권침탈 이후 본격적으로 토지침탈정책을 추진하였다. 서기 1910년에 토지조사국을 설치하고, 그 2년 후인 서기 1912년 '토지조사령'을 발표하여 토지침탈에 들어갔다. 그 결과 서기 1930년까지 총독부가 차지한 토지는 전국토의 44%에 해당하였다. 그 과정에서 약 10만 건에 달하는 소유권분쟁이 있었으나 총독부의 탄압으로 대부분 묵살되었다. 토지조사사업과 병행하여 일본인의 농업이

민이 10배로 급증하였고, 그들의 소유농지는 4배로 증가하여 대지주로 성장하였다. 당시 총독부의 지세(地稅)수입도 점차 증가하여 서기 1919년에는 1911년의 두 배로 늘었고, 과세 토지는 10년 사이 52%로 증가하였으니, 당시 우리 민족이 얼마나 고달팠는지를 능히 짐작할 수 있다.

일제는 광산, 어장, 산림자원에 대한 침탈도 예외가 아니었다. 서기 1920년대 일본인의 소유광산이 전체광산의 80%를 넘어섰고, 우리 민족의 소유 광산은 0.3%에 불과했다. 그리고 서기 1918년에는 전체 산림의 50%가 총독부와 일본인 소유로 넘어갔다. 특히 압록강, 두만강 유역의 목재를 대대적으로 벌채하여 막대한 이득을 챙기기도 했다.

또한 일제는 기업들도 침탈을 계속하여 서기 1919년에는 공장의 자본금 중 일본인의 자본이 91%를 차지하였고, 우리 민족은 6%정도에 지나지 않았다. 금융부분도 일제가 장악하였다. 조선은행, 조선식산은행 그리고 동양척식주식회사가 금융계를 장악하였고, 지방에는 금융조합이 침투하여 서민금융을 통괄하였다. 한편 총독부는 "식민지경영을 위한 경비는 식민지에서 마련한다."는 원칙을 수립하고, 재정수입을 늘리기 위해 세금을 대폭 강화해나갔다. 소득세, 수익세, 소비세, 교통세, 부과세, 특별세 외에 각종 잡세가 부과되었고, 이들 수입은 주로 우리 민족을 탄압하고 토목공사를 일으키는 비용으로 지출하였다.

무역 또한 일제중심으로 개편되어갔다. 수출이 90%, 수입의 65%가 일본으로 집중되었는데, 미곡, 잡곡, 잎담배 등이 주요 수출품이었고, 수입품으로 옷감, 경공업 제품이 들어왔다. 이러한 무역구조가 일제 자본주의의 발달을 촉진시키는데 기여한 것은 물론이다. 결국 우리 민족은 국권상실과 더불어 일제 자본주의의 원료공급지와 상품시장 그리고 토지수탈의 전형적인 식민지로 전락하고 말았다.

(2) 서기 1920년대의 상황

서기 1920년대는 3.1운동을 계기로 우리 민족의 강인한 독립의지를 알게 된 일제는 '문화의 창달과 민력의 충실'이라는 미명 아래 이른바 '문화정치'를 내걸었던 시기였다. 그러나 말이 문화 창달이고 민력 충실이지, 그 실은 조선인의 민족정신을 말살하려는 고도의 기만정치로 3.1운동 직후터 중.일 전쟁이 발발한 서기 1937년까지 계속되었다. 그 내용을 상찰하면 일제의 흉계가 여실히 드러난다.

3.1운동직후 새로 부임한 총독 6명 모두가 육군과 해군대장 출신의 무장들이었고, 헌병경찰을 보통경찰로 바꾸면서 각 면마다 주재소(오늘의 파출소)를 설치하여 거미줄 같은 감시와 탄압망을 형성했던 것이다. 그리고 겉으로는 언론,출판, 집회, 결사의 자유를 허용하면서도, 서기 1925년 '치안유지법'이라는 것을 만들어, 비위에 거슬리는 언론, 출판, 집회, 결사를 교묘히 탄압하였

다. 동아일보(서기 1920년), 조선일보(서기 1920년), 시대일보(서기 1924년)와 같은 우리말 신문의 창간이 허용되었으나, 실제로는 갖가지 검열을 통해 삭제, 압수, 벌금. 정간 등의 탄압을 끊임없이 자행했다.

국외에서의 탄압도 혹독하였다. 중국의 동북지방인 만주에서는 서기 1920년의 이른바 '훈춘사건(琿春事件)'을 조작하여 1만여 명의 북간도 조선인을 학살하였고, 일본에서는 서기 1923년 관동대지진 때 조선인 의 폭동을 일으켰다는 유언비어를 유포시켜, 도쿄와 인근지역에 살던 7천여명의 조선인을 참살하는 '관동대학살'이라는 만행을 저질렀다.

한편 우리 민족의 독립정신을 밀살하기 위하여 무엇보다도 조선인의 자존심을 고양하고 있는 역사의식을 바꾸려고 혈안이 되었다. 특히 박은식(朴殷植)이 쓴 《한국통사(韓國痛史)》(1915)가 독립운동가 사이에 널리 읽히고 있다는 정보에 충격을 받아, 역사왜곡사업에 착수하여 35권의 방대한 「조선사(朝鮮史)」를 편찬했다. 조선사 편찬사업은 서기 1915년 중추원을 중심으로 시작하다가 3.1운동이후 이를 확대하여 서기 1922년 총독부 산하 '조선사편찬위원회'를 설치했다가 서기 1925년 '조선사편수회'로 개칭하고, 어용학자인 일본인과 일부 조선학자들이 참여하여 서기 1937년에 완성하였다.

그리고 조선인의 교육열을 무마하기 위해, 서기 1922년 이른바 '신교육령'을 발표하여 일인과 조선인을 동등하게 교육시킨다고 선전하였으나, 실제로는 초등교육과 실업교육을 약간 강화했을 뿐이고 조선인 학령아동의 약 18%만이 취학하는데 그쳤다. 그나마 민족교육은 모두 제외되었고 일본문화의 동화(同化)교육만이 시행되었다. 그 결과 당시 그들의 동화교육을 받은 인사들이 민족독립운동에 기여하는 측면은 상대적으로 적을 수밖에 없었다.

 일제의 경제수탈의 강화는 이른바 '산미증산계획'으로부터 시작되었다. 이는 토지개량과 농사개량으로 식량생산을 대폭 증가시킴으로써 일본으로 더 많은 쌀을 가져가고, 조선의 농민생활도 안정시킨다는 목표 아래 추진되었다. 그 결과 서기 1936년의 미곡생산량은 1920년보다 30% 증가하였고, 일본으로 가져간 양도 8배로 증가하였다. 서기 1932년~1936년의 미곡생산은 평균 1,700만석을 생산했으나, 일본으로 가져간 것이 그 절반이 넘는 상황이었다.
 한편 일제는 일본자본의 침투를 촉진시키기 위하여 서기 1920년 회사령을 철폐하여, 회사설립을 허가제에서 신고제로하여 일본인의 자본투자가 크게 늘었다. 그리고 그 대상도 상, 공, 운수업에 치중하여 일제의 경제수탈은 그 도를 넘고 있었다. 이러한 상황 속에서 총독부 재정의 80%를 각종 세금을 통해 충당하였으니, 당시 우리 민족의 생활은 노예나 다름없었다.

(3) 서기 1930년 ~ 서기 1940년대 초의 상황
 이 기간 일제는 서기 1931년 '만주사변'을 일으켜 대륙침략의 야욕을 드러낸 후, 그 야욕을 본격화 하여 서기 1937년 중일전쟁을 일으킴으로써, 조선은 대륙침략의 병참기지가 되었다.

그리고 4년 후 일제는 미국을 상대로 세계평화를 위협하는 태평양전쟁을 일으켰다. 이와 같은 전쟁의 연속적인 상황은 결과적으로 일제의 인적, 물적 자원의 고갈을 가져와, 그들의 전쟁 수행을 위한 정책적 필요는 필연코 조선의 지배에 대한 변혁을 가져오지 않을 수 없었다.

서기 1937년의 중일전쟁과 서기 1941년의 태평양전쟁 중에는, 군량미 충당의 필요성에서 쌀 배급제도와 쌀, 잡곡에 대한 공출제도(供出制度)가 시행되었다. 그나마 태평양전쟁 말기에는 쌀을 배급 받기가 극히 어려웠고, 만주에서 들여온 잡곡으로도 연명하기에 부족했다. 흰 쌀밥 먹는 것이 소원이라는 말이 이때부터 생겨났다.

한편 일본 자본가들의 과잉자본을 조선에 투자하고, 전쟁에 필요한 필수품 조달을 위해 군수공업을 위주로 하는 공업화 정책이 추진되었다. 그 결과 한반도에는 새로운 공업지대가 형성되어갔다. 그러나 서기 1930년대에는 외형상 공업화가 급속히 진전되었지만, 소수의 일본인 공장이 방적, 금속, 화학, 요업등 중요분야의 70~80%를 차지하였다. 더욱이 서기 1942년에는 총독부의 기업정비령에 의해 강제폐쇄나 기업정리를 하지 않으면 안 되는 상황이었다.

대륙침략을 위한 병참기지화 정책과 병행하여 일제는 무력 탄압을 강화하면서, 우리 민족을 일본국민으로 동화시키기 위해 민족말살정책을 추진하였다. 기만적인 '문화정치'의 탈을 벗어 던지고, 급기야 노골적인 파시즘이 시작된 것이다.

이러한 체제의 강화는 군사력과 경찰력의 증강에서 시작되었다. 서기 1931년 중국대륙 침략이후 종래 2개 사단이던 병력을 3년에는 3만5천여 명, 태평양전쟁 말기에는 약 23만 명의 군대가 주둔한 실정이었다. 한편 경찰서와 경찰요원도 대폭 늘어나 서기 1923년에 2만 명이던 경찰관이 서기 1941년에는 3만 5천명으로 증가하였다. 특히 정규경찰 외에, 비밀고등경찰, 헌병 스파이 그리고 경찰보조기관인 경방단(警防團)을 두어 우리 민족의 일거수일투족까지 물샐틈 없이 감시하였다.

그리고 서기 1937년에는 '조선중앙정보위원회'를 두고 개인정보를 수집함은 물론, 그 다음 해에는 조선방공협회(朝鮮防共協會)를 조직하여 공산주의자 박멸에 나서는 등 철저한 정보망이 거미줄처럼 짜여있어, 수많은 애국지사들이 검거되어 투옥되거나 학살당하였다. 이렇듯 내 민족 내 강토에서 일제의 감시를 받으며 숨을 죽이고 살아야 했던 민족적 통한의 시절이었다.

일제는 전시체제를 빙자해 일반주민들도 철저히 통제 하였다. 중일전쟁이후 주민생활 통제 기구로 서기 1938년 8월 '국민정신총동원조선연맹'을 총독부의 보위기관으로 설치하였다. 동 단체에는 명망 높은 인사들이 이사와 위원으로 많이 위촉되었다. 이사에 김성수, 윤치호, 최린, 김활란 문화위원에는 백철, 유진오, 홍난파 여성부 위원으로 송금선, 이숙종 등이 위촉되었다.

이들 중 대다수는 타의(他意)로, 총독부의 강압적 회유에 의한 것이었으나, 그 중에는 자의(自意)로 위촉된 부일배(附日輩)들도 있었다. 동 단체는 도에서 말단 동리에 이르기까지 전국의 지방조직을 망라하고, 그 말단에 10호 단위의 '애국반'이라는 것을 두어 정기적으로 반상회(班常會)를 열어 총독부시 책을 따르도록 강요하였다. 이 연맹은 각 직장 단위로도 조직되었는데, 서기 1940년 10월에 동 연맹을 '국민총력조선연맹'으로 개편하고, 총독이 총재로 취임하여 주민통제를 한층 강화하였다.

이와 같이 우리 민족을 물샐 틈 없는 파쇼체제로 묶어놓은 일제는, 우리 민족의 민족의식을 말살하여 일본인으로 동화시키기 위한 이른바 황국신민화(皇國臣民化)정책을 본격적으로 추진하였다. 우선 서기 1938년부터 모든 주민들로 하여금 '황국신민서사(皇國臣民誓詞)'라는 것을 일본어로 외우게 했다. 그 요지는 "우리들은 대일본제국의 신민(臣民)이다. 우리들은 마음을 합하여 천황폐하께 충의(忠義)를 다 한다."는 것이었다. 또 한 일본 왕에 대한 충성 표시로 이른바 '동방요배(東方遙拜)'라는 것을 실시해 매일 일왕의 궁성을 향해 절을 하도록 강요하였다.

한편 각 학교와 관공서에서는 우리말을 금지하고 일본어만 허용했고(서기1938), 급기야는 일본식으로 성(姓)을 만들고 이름을 바꾸는 소위 '창씨개명(創氏改名)'을 강요했다.(서기1939)

창씨개명은 우리 민족의 강렬한 반대에 부딪혔다. 그러나 창씨개명을 하지 않으면 학교입학 불허, 공문서 발급금지, 식량과 물자의 배급제외와 우편물 미 전달 등 일제의 각종 통제로 할수 없이 창씨개명에 응하는 자들이 많았다. 당시 창씨개명을 끝까지 거부한 자는 전 민족의 약 14%에 불과했던 것이다.

일제는 또한 우리의 민족정신을 근원적으로 말살하기 위해 이른바 일선동조론(日鮮同祖論)을 강조했다. 이 주장은 이미 서기 1880년대부터 나온 것이지만, 서기 1936년 새로 부임한 남태랑(南太郎; 미나미)총독이 취임하여 이른바 '내선일체(內鮮一體)' 및 '동조동근론(同祖同根論)'으로 표현을 바꾸어 강력히 실시하였다. 동조동근론(同祖同根論)은 고대사(古代史)적인 측면에서 일면 수긍이 가는 사론(史論)도 없지는 않지만, 순수한 동족의식이 아닌, 우리의 말과 글을 빼앗고 유구한 전통을 말살하여 그들에게 동화시킴으로써, 노예적 신민화(臣民化)를 도모한 흉계가 숨겨진 정책으로, 암암리에 거센 민족적 저항에 부닥친 정책이었다.

이와 같이 일제는 그 당시 우리 민족의 혼(魂)을 말살하려고 혈안이 되어 광분했던 것이다. 일제는 더 나아가 일본의 조상신인 이른바 천조대신(天照大神)을 선양하는 신도(神道)를 국가종교로 승격시켜, 우리 민족의 조상신으로 숭앙하도록 강요하였다. 이것이 이른바 신사참배(神社參拜)라는 것으로 강요되었는데, 본 필자도 당시 소학교 1학년 때 매일 조회 시간에 운동장에서 '신사참배'를 한 후, 동쪽을 향하여 90도 각도로 절하던 '동방요배' 기억을 지을 수 없다.

이와 같이 일제는 우리의 민족정신을 말살하는데 광분하면서, 또 한편으로는 우리의 청년들을 전쟁터로 몰아넣었다. 처음에는 그들의 군대 보충을 위해 이른바 '지원병제도'(서기 1938년)를 실시했으나, 뒤에는 '징병제도'(서기 1943년)로 바꾸어 패전할 때까지 근 20만 명에 이르는 우리의 청년들을 강제 징집했으며, 또한 '학도지원병제도'(서기 1943년)를 실시하여 4,500여 명의 학생들을 전쟁터로 몰아넣었다.

오늘날에 와서 이른바 민족연구소와 《친일인명사전》 편찬 위원들은, 그 당시 유명인사들이 징병이나 학도지원병을 위한 강연을 했다고 하여 일방적으로 친일파로 몰아 낙인을 찍고 있으나, 징병이나 학도지원병 정책은 이미 일제에 의해서 사전에 수립된 강제 정책이었고, 유명인사들을 강제 동원한 강연 등은, 그들의 정책을 미화하기 위한 강압적 술책이었던 것이다.

그리고 태평양전쟁 말기에 패전의 짙은 공포 속에 미쳐 날뛰는 일제의 무도한 총칼 앞에서, 그 누가 그들의 명령을 거역할 수 있었겠는가? 또한 당시 청년들 중 그 누가 유명 인사들의 강연을 듣고 사지(死地)로 가는 징병이나 학도병지원에 자원해서 나섰겠나?

마녀사냥처럼 청년들을 제도적 위압으로 몰아 강제로 끌고 갔을 뿐이다. 그러므로 당시 강제로 강연을 한 유명인사들을 친일파라고 몰아붙이는, 《친일인명사전》 편찬위원들에게 분명히 묻고자 한다.

"그대들은 과연 일제강점기의 암흑시대를 경험한 그대들의 부형들이나, 친척들, 지인(知人)들에게, 단 한 번이라도 당시의 한반도 상황을 진지하게 물어보았고, 민족의 비애를 반추해본 적이 있는가? 그대들은 그대들의 부형들이나 친척들이 일제 강점기 내내 과연 민족의 독립을 위하여 또는 반일적인 행위를 하며 어느 곳에서 무엇을 하고 있었는가 한 번이라도 물어본 적이 있었는가?"

일제는 징병과 학도병지원제 외에도, 서기 1939년부터는 모집형식으로, 그 다음 해부터는 징용의 형식으로, 일제 패망시 까지 1백만 명 이상의 우리의 장정들을 전시노동자로 끌고 갔다. 이들은 탄광, 비행장, 군수공장, 철도 등의 공사장에 군대식으로 편제되어 강제수용된 가운데 노예처럼 혹사당했는데, 중노동으로 사망자가 부지기수였으며, 공사가 끝난 뒤에도 군대 기밀을 지킨다는 이유로 대량학살 당하는 경우가 허다했다.

특히 평양의 미림비행장, 쿠릴열도(사할린)와 유구(오키나와)로 끌려간 노동자의 대부분이 무참하게 학살당했는데 그 숫자가 일제의 통계로 7천 명이 넘었다. 이들도 동 '사전'의 논리대로라면 객관적으로는 일제를 위해 공사장에서 노동을 했으니, 친일행위자로 보아야 할 것 아닌가?

한편, '근로동원'이라 하여 어린 소학생과 중학생들까지 군사시설공사에 끌어들이고, 여성들에 대해서도 '근로보국대'라는 이름으로 토목공사에 끌어들임은 물론, '애국부인회'라는 어용단체를 만들어 충성을 강요하기도 하였다.

그 뿐만 아니라 전쟁 막바지(서기 1944.9)에는 악명 높은 '여자정신근로대령'이라는 것을 발동하여 이른바 '정신대(挺身隊)'라는 미명하에, 12세부터 40세까지의 배우자 없는 여성 20여만 명을 강제 동원하여, 그 대부분을 중국과 동남아지역 전쟁터로 몰아, 일제 군인들의 '성노예'로 만들었음은 세상이 다 아는 잔혹사이다.

(필자 주:일본군 '성노예'를 우리 언론에서는 '일본군위안부'라는 표현을 쓰고 있다. 이는 대단히 잘못된 표현이다. 미군인들도 '성적 노예'라 표현하지 않는가? 위안부라는 표현은, 일본의 정신대(挺身隊)라는 표현을 엉뚱하게 미화시키는 표현이 되기도 한 것이다. 도대체 누가 누구를 위안했다는 말인가?)

그런가 하면 민족말살정책의 일환으로 언론, 결사에 대한 탄압도 계속되어, 그 간 민족의식을 고취시켜 왔던 동아일보가 서기 1937년에, 조선일보가 서기 1940년에 폐간되기도 했다.

우리는 이상으로 개략적이나마 일제강점기라는 공간에서, 우리 민족의 칠흑 같은 암담한 삶의 모습을 그려보았다. 그런 시대적 공간 속에서 일제는 식민정책, 황민화정책과 침략전쟁을 수행하면서 우리 민족의 저항을 무마하고 압살하기 위해, 당시 유명인사와 재산가들을 회유하거나 협박하여 수많은 친일단체에 앞장서게 하였던 것이다.

　그리하여 교육, 언론, 문학, 미술, 음악, 영화, 종교 등 각 분야에서 명망 높은 인사들에게 비록 표면상에 불과할지라도, 친일파라는 오점을 남기게 했으니, 이는 정치경제적 침탈보다도 더 큰 고통과 상처를 우리 민족사에 안겨주는 결과가 되었다.

　오늘날 이 땅의 '민족문제연군소'라는 단체는 《친일인명사전》이라는 이름으로, 당시 일부 유명인사나 재력가들의 외견상 친일 행적은 물론, 친일행위와는 아무런 관계도 없는 생업 활동에 관한 것까지 기술하여, 그 인물의 일대기(一代記)를 책으로 만들어 공개하고 있으니, 참으로 개탄스럽고 착잡한 심정을 금할 수 없다.

　그리고 동 연구소와 동 위원회가 인식하는 친일행위의 범위가, 어떤 근거(根據)로 어느 선까지이며, 또한 동 연구소가 지금까지 필자가 약술한 시대적 상황 속에서, 그와 같은 친일행위를 할 수밖에 없었던 불가항력적인 당시 상황을 심찰(審察)하여 친일 인명사전을 만들었는지, 그 저술 의도가 어디에 있는지, 어렸지만 일제강점기 교육을 받았던 한민족의 일원으로서 또는 국민의 한 사람으로서 심문(審問)하지 않을 수 없다.

3. 이른바 친일행위와 기대가능성의 논리 내지 법리(法理)

　인간은 그가 활동하는 시대적 환경이나 상황을 외면할 수 없다. 따라서 한 인물에 대한 평가는, 그가 활동했던 시대적 상황을 고려하여 기술해야 할 것이다. 그렇지 않고는 한 시대적 상황하에서 외견상의 그 사람의 행동만을 보고서는, 진정한 그 사람의 인물됨을 평가할 수 없다.
　그러한 뜻에서 본 필자는 상술한 것과 같이, 상당한 지면을 할애하여 김성수, 김연수, 홍종철, 서정주 등이 활동했던 일제강점기 당시의 상황을 대략이나마 서술해본 것이다.

　법에서 말하는 범죄행위가, 반사회적이요 반인륜적인 행위라 한다면, 진정한 친일행위는 우리 민족에 있어서 반민족적이요 반인륜적인 행위라 할 것이다. 또한 범죄행위는 적어도 그것이 우선 범의(犯意)가 있어야 하고, 행위의 위법성이 있어야 하고, 그리고 책임성이 있어야 범죄구성요건을 충족하여 범죄가 성립된다함은 상식적인 것이다. 그러나 그러한 구성요건이 충족되는 행위일지라도, '기대가능성(期待可能性)'이 있어야 사회적인 비난이 가해지고 처벌할 수 있다는 것이 우리 형법(刑法)의 법리(法理)일 것으로 소박하게 생각하고 있다.
　우리는 여기서 참고로 이른바 '기대가능성'에 대한 이해를 돕기 위하여 다음과 같이 설명을 부연(敷衍)하기로 한다.

'기대가능성'이란 "행위 당시의 구체적 사정에 비추어 보아 행위자에게 위법행위 대신에 적법행위로 나아갈 것을 기대할 수 있는 것"을 말한다. 적법행위의 기대가능성이 있었음에도 불구하고 행위자가 위법행위로 나아갔을 때 행위자에게 책임 비난이 가능하고, 만일 적법행위를 기대할 수 없는 사정에 처하여 불가피하게 위법행위를 한 것이라면 책임 비난이 불가능해질 것이다. 따라서 '기대가능성'은 책임조각사유가 된다는 것이 법적 비난에 있어서 상식적인 논리이다.

기대가능성 이론은 규범적 책임론의 산물이다. 규범적 책임론은 책임의 본질을 심리적 사실관계가 아니라 그러한 사실관계에 대한 '규범적 평가관계'로서 파악하고, 책임 개념을 행위자에 대한 '비난가능성'으로 이해한다. 심리적 요소의 상위에서 이를 평가하는 규범적 요소를 책임의 본질로 파악하는 규범적 책임의 개념은 독일의 형법학자 프랑크(Frank)에 의하여 초석이 놓여진 후 오늘날 이론 없이 통용되고 있다.

기대가능성의 유·무를 판단하는 기준을 어디에 둘 것인가에 대하여는 세 가지 견해가 대립 되고 있다.

첫째로 행위자표준설은 행위 당시에 행위자가 처했던 구체적 사정하에서 '행위자'의 능력을 표준으로 적법행위의 기대가능성을 판단해야 한다는 견해이다. 책임은 행위자 개인에 대한 비난가능성이므로 행위자의 능력을 떠나 기대가능성을 논하는 것은 책임을 무의미하게 만드는 것이고, 법은 인간에게 초인적인 것을 요구할 수는 없으므로 기대가능성도 행위자의 개인적 사정과 개인적인 능력을 표준으로 해서 판단해야 한다는 것을 논거로 하고 있다.

둘째로 평균인표준설은 행위 당시의 구체적 사정하에 행위자 대신에 사회의 '평균인'을 두고, 이 평균인에게 적법행위를 기대할 가능성이 있느냐의 여부로 판단하자는 견해이다. 즉 평균인을 행위자의 위치에 둔 경우에 적법행위를 기대할 수 있는가에 따라 판단해야 한다는 것이다. 기대가능성의 판단의 객체는 행위자이지만, 판단의 주체는 평균인에 의한 객관적 판단이어야 한다는 데 근거가 있다.

셋째로 국가표준설은 적법행위를 기대하는 측인 국가가 법질서 내지 현실을 지배하는 국가이념에 따라 기대가능성을 판단해야 한다는 견해이다. 이에 의하면 기대가능성의 판단표준을 결국 국가의 법질서에 두게 된다. 이 학설은 법질서와 국가의 요구에 따라 기대가능성의 표준도 달라질 수 있다는 특징을 갖는다.

이제 국가표준설에 관하여 살펴보면, 국가는 항상 국민에게 적법행위를 기대하게 마련이므로 국가를 표준으로 기대가능성을 판단한다면 기대가능성이 없다고 하여 책임이 조각되는 경우란 거의 있을 수 없다는 문제점과 법률상 어떠한 표준으로 기대가능성을 판단할 것인가라는 질문에 대하여 법질서가 그 표준이 된다는 동어반복에 불과하다는 점에서 그 결함이 있다.

한편 행위자표준설에 대하여도 행위자 개인의 구체적 사정을 표준으로 하여 기대가능성을 판단할 때에는 적법행위의 기대가능성은 거의 있을 수 없게 되고 특히 확신범은 기대가능성이 없으므로 책임이 없다는 결론에 이르게 되어 책임 판단을 불가능하게 할 뿐만 아니라, 책임 판단의 확실성과 균형성을 침해하고 극단적인 개별화에 의하여 형법의 해소를 결과한다는 점에서 타당하다고 할 수 없다.

따라서 초법규적 책임조각사유의 범위를 명확히 하고 이를 제한한다는 의미에서도 결국 통설인 '평균인설'에 입각해서 기대가능성을 판단함이 타당하다고 본다.

기대불가능성으로 인한 책임조각사유를 들면 다음과 같다.

가. 형법상의 책임조각 내지 경감사유로는 다음과 같이 들 수 있는 바,

(1) 강요된 행위(형법 제12조로서 "저항할 수 없는 폭력이나 자기 또는 친족의 생명·신체에 대한 위해를 방어할 방법이 없는 협박에 의하여 강요된 행위는 벌하지 아니 한다."고 하고 있다.

(2) 과잉방위(형법 제21조 2항)로서 "방위행위가 그 정도를 초과한 때에는 정황에 의하여 그 형을 감경 또는 면제할 수 있다." 동 3항은 "방위행위가 야간 기타 불안스러운 상태하에서 공포, 경악 또는 당황으로 인한 때에는 벌하지 아니한다."

(3) 과잉피난(형법 제22조 제3항)은 "피난행위가 그 정도를 초과한 때에는 정황에 의하여 그 형을 감경 또는 면제할 수 있고, 또

한 야간 기타 불안스러운 상태하에서 공포, 경악 또는 당황으로 인한 때에는 벌하지 아니한다."

(4) 과잉자구행위(형법 제23조 제2항)은 "자구행위가 그 정도를 초과한 때에는 정황에 의하여 그 형을 감경 또는 면제할 수 있다."고 규정하고 있다.

이러한 법리를 인식하여 유추, 원용한다면, 일제강점기의 친일행위라는 반민족적 행위도, 그 행위가 비난을 받고 책임을 지기 위해서는, 친일행위에 대한 적극적인 인식이 있어야 하고, 또한 객관적인 친일행위가 있어야 그 책임을 물을 수 있고 비난할 수 있지 않겠는가? 만일 그 친일행위가 '기대가능성'이 없는 행위라면, 이는 불가항력적인 협박에 의한 행위로, 그 책임은 물론 사회적 비난도 할 수 없다는 것은, 법치국가에서 당연한 논리이기 전에 건전한 상식의 논리일 것이다. 따라서 친일행위에 대한 진정한 판단은, 단순히 외견적인 판단만이 아니라, 당시의 여러 상황을 고려한 종합적 가치판단이 있어야 할 것이다.

친일행위 규명에 있어서 동 위원회가 적시(摘示)한 객관적인 친일행위는, 실증자료에 의한 사실을 적시했으므로 별문제가 없겠으나, 친일행위에 대한 의사(意思)와 당시 친일행위를 피할 수도 있었는가? 하는 기대가능성에 대한 법리(法理)를 빌어 접근해야 마땅할 것이다.

만일 이러한 법리를 인식하지 못한다면, 친일행위에 대한 규명은 외견상 어느 한 장면만을 고려한 판단으로, 황당한 규명이 될 수밖에 없는 것이다. 그러한 의미에서 본다면, 동 연구소와 동 위원회의 이른바 《친일인물사전》은 자의적, 편파적이요 논리성이 결여된 불온(不穩)한 사전이 될 수밖에 없는 것이다.

그러기에 우리는 친일행위 규명에 대한 좀 더 심층적이고 사실적인 판단만이 아니라, 정신, 문화적, 가치 판단적인 작업이 반드시 선행되어야 할 것으로 생각한다.

우선 친일행위에 대한 당사자의 의사(意思)의 판단은, 형법에서 논하는 이른바 고의(故意)의 문제처럼 명확하지는 않다. 그러나 일제강점기라는 상황하에서 자기의 행위가 반일(反日)이 아니라 일제에 유익하거나 적어도 일제에 손해되지 않는 행위라고 인식했다면, 친일행위의 고의성을 인정해야 할 것이다.

고의에 대한 우리 대법원의 판례를 보면(대법원 1955. 4. 22. 54도36 참조), "객관적 사실의 인식은 범죄구성에 있어서 필요하고도 충분하다"라고 기술하고 있다. 이런 점을 고려한다면 이른바 친일 인물들은 거의 친일행위에 대한 고의(미필적 고의)는 있었다고 보아야 할 것이다. 그러나 당시의 이른바 친일파라고 매도되는 인물들은, 고도의 지성과 정신적 신념을 가진 민족의 지도자급 명사들임을 감안할 때, 단순한 강도 살인범이나 파렴치범들처럼 외견적 객관적 사실만으로 그 형사적 고의성을 인정하고 비난하거나 처벌할 수는 없는 것이다.
 이런 관점에서 우리가 논의하고자 하는 것은, 이른바 그들의 친일행위가 당시 상황에서 '기대가능성'이 있었는가? 아니면 '기대불가능성'이었는가? 하는 문제이다. 이 문제는 친일행위규명에 있어서 핵심적인 중요한 사안이며, 따라서 우리는 이에 관한 논리를 형법의 이론에서 원용하기로 한다.

 위에서도 개략적으로 인식 했드시, '기대불가능성'이란 위법성이 인정되는 행위를 한 행위자가 처해 있는 구체적인 사정을 고려하여, 그에 대해 적법한 행위로 나올 것을 요구할 수 없는 경우를 말한다. 형법 이론상 책임 비난의 전제조건인 책임능력이 인정되거나, 행위자가 자기 행위의 위법성을 인식하였거나 인식할 수 있었던 경우에도, '적법행위를 기대할 수 없었을 때'에는 비난가능성을 탈락시킨다.
 사실관계에만 있는 것이 아니라, '비난가능성'이라는 상황적 평가관계에 있음을 명백히 한 규범적 책임이론의 핵심적 내용이라 하겠다.

 우리는 이상과 같은 형법이론을 인식, 원용하여 이른바 친일행위를 규명하는데 있어서, 당시 상황 속에서 친일인물들의 친일행위에 대한 '기대가능성'과 '기대불가능성'을 판단하여 친일행위를 규명하고 기술하는 것이, 천추에 욕됨이 없는 올곧은 정필(正筆)임을 믿어 의심치 않는다.

　따라서 친일행위의 진상규명은 친일행위라는 객관적 사실관계와 함께, 당시 불가항력적인 상황 속에서 친일행위를 할 수 밖에 없었던 '기대불가능성'을 함께 고려하여 진정한 친일파를 색출하는 것이, 민족의 역사 앞에 죄(罪)를 짓지 않는 길임을 다시 한번 강조하고자 한다.

　동 위원회가 발행한 《친일인명사전》에서, 앞에서 거론한 고창 출신의 이른바 네 명의 친일인물들을 보면, 형법적인 논리성이 결여된 미시적, 자의적이고, 일방적으로 친일인물로 단정하고 있다. 왜냐하면 동 위원회는 그들에 대하여 《친일명사전》 속에서, 친일행위는 물론, 민족사학(民族私學)에 관여한 교육가로서의 행위도 기술하고 있으면서, 왜 '친일인물'로만 단정하고 있는지, 그 저의가 의심스럽지 않을 수 없기 때문이다.

　하다못해 그들은 일제강점기에 '친일행위와 더불어 민족사학(民族私學)운동 등 애국활동도 많이 한 인물'이라고 중립적인 기술도 할 수 있지 않는가? 그렇게 기술함으로써 '진정한 친일파' 인식의 여부를 후세의 판단에 미루는 것도, 엄중해야 할 '인물평가'의 고차원적인 기술 태도라 할 것이다.

　그런데 동 위원회의 진상규명 태도는 지식인, 재산가, 학문, 예술인을 막론하고, 외견적 개관적으로 친일행위 한 가지만 있으면 그들이 같이 제시한 민족운동은 논외로 하고 친일 인물로만 단정해버리고, 그 인물들을 민족의 역사적 공간에서 '친일파'라는 족쇄를 채워놓고 비난하고 있는 것이다.

원천적으로 엄격하게 논단(論斷)한다면, 허기지고 자유가 없는 그 험한 노예적 생활만을 강요받던, 일제강점기라는 혹독한 암흑기에 이 땅에 살았던 사람치고, 우리는 어느 누구도 외견상 친일행위에서 자유로울 수 없다는 민족적 비애를 안고 있는 것이다. 그러므로 의도적으로 단순히 이분법적 흑백논리로 '친일파'라고 단정하고, 《친일인명사전》까지 발행하여, 건전한 민족정신과 가치관을 혼란케 하는 행위는, 민족의 대동단결과 전진하는 민족의 번영을 저해하는 행위가 된다는 것을 깊이 통찰해야 할 것이다.

제5절 민족문제연구소와 《친일인명사전》 편찬위원회의 성격에 대한 반성

일제강점기의 이른바 친일파 인물들을 거론하고 있는 동 사전의 편찬위원회가 소속된 단체는 전술(前述)한 바와 같이 '민족문제연구소'라는 사단법인이다. 동 연구소의 배경 인물은 임종국이라는 재야사학자로서, 그는 30대 중반부터 연구영역을 일제강점기로 하여 다수의 연구를 수행했던 자이다.

서기 1989년 그의 장례식장에 모인 추종자들이 그의 유지를 받들기로 하고, 서기 1991년 '반민족문제연구소'(소장 김봉우)를 설립하고, 3년 후인 서기 1994년 '친일인명사전' 출간계획을 발표하였다. 그 다음 해인 1995년에는 이를 '민족문제연구소'(소장 이돈명)로 개칭하여 법인화했다.

특히 임헌영 소장은 제3대 소장으로 서기 2003년부터 계속하고 있으며, 동 연구소의 중심에 서 있는 자이다. 그는 서기 1999년에는 '친일인명사전 편찬지지 전국교수 1만인 선언'이라는 것을 얻어냈다. 그리고 그다음 해에 편찬위원회가 발족하였다. 동 사전은 동 연구소의 설립목적의 하나인 《친일인명사전》 등 친일문제연구 총서편찬이라는 목적에 근거하고 있다.

또한 전술한 바와 같이, 동 연구소 산하 동 사전편찬위원회의 편집 및 집필위원의 수는 국내 178명, 국외 11명 등 모두 189명이라는 방대한 조직이었다. 그러나 동 위원회의 인적 구성을 보면 대단히 부실하다는 점도 지적하지 않을 수 없다.

　앞에서 보았듯이, 대학의 정교수 외의 연구진 특히 대학강사, 겸임 교수 등이 거의 절반을 차지하고 있다. 심지어 일본대학의 조교나 우리나라의 장학금으로 수학하고 박사학위를 취득한 조선족 출신으로 중국의 이른바 '동북공정'에 앞장서고 있는 자까지 집필위원으로 위촉하면서도, 정작 우리나라의 여러 관련 학회 또는 전문가와는 연계하지도 않았다.

　뿐만 아니라 집필에 전혀 참여하지도 않은 연변대학 교수 2명의 이름을 허위로 집필위원 명단에 올리기도 했다. '친일행위 진상규명'이라는 막중한 일을 담당한 사람들이 이렇게 경솔하고 부실할 수가 있는가?

　그리고 역시 전술한 것과 같이, 동 위원회가 제시한 친일 인물의 영역은 24개 영역으로, 그리고 친일 행위의 각 영역마다 몇 개의 유형을 제시하고 있다. 그 유형들의 공통점은, 일정 이상의 직위에 있던 자, 일정한 재산가, 그 외 일제에 중요 역할을 한 자를 대상으로 하였으나, 종합해 보면 중복되고 동의 반복적인 경우가 많았다.

　이러한 영역에서 보면, 예컨대 김성수는 언론, 교육, 학술부분에, 김연수와 홍종철은 경제부분에, 전쟁협력자에 그리고 서정주는 문학의 영역에 속하고 있다. 그런데 가장 심각한 문제점은 진상규명의 채증 방법으로는 일제의 관찬자료, 신문, 잡지 등의 실증적 문헌자료만으로 일관하였다는 것이다.

　동 위원회의 이러한 태도는 진상규명에 있어서 실증주의(實證主義)를 고수했음을 노정(露呈)시키고 있다. 앞장에서 기술했듯이 실증주의사학(實證主義史學)은, 실증자료가 거의 없는 인간의 정신활동적인 측면을 완전히 배제함으로써, 20세기 중엽이후 '영혼이 없는 사학(史學)'이 되어 조락(凋落)해버린 사학(史學)이다.
　그러므로 실증주의 채증방법은 한 인물의 역사적 평가에서는 종합적인 정당한 평가가 될 수 없다는 태생적인 한계에 부딪치고 마는 것이다. 그런 한계를 보완하는 방법이 한 가문이나 지방의 전설, 일화 또는 그 당시를 겪었던 다수인의 증언, 기타 등등을 채증수단으로 채택하는 것인데, 동 위원회는 유감스럽게도 그런 보완수단을 전혀 채택하지 않았다.

　그리고 동 위원회는 예시한 경우이지만, 김성수, 김연수, 홍종철, 서정주에 대한 친일행위 진상규명의 그 시대적 공간은 당연히 암담했던 일제강점기만으로 한정하고, 그에 따라 그들의 친일행위의 객관적 사항만을 기술하는 것이 사리에 합당한 일이다.
　그런데도 동 위원회는 김성수, 김연수, 홍종철의 민족사학(民族史學)운동이란 애국 민족활동도 기록했을 뿐만 아니라, 서정주의 청소년시절에 민족운동 관련으로 중등교육을 마치지 못한 사항까지 기술하고, 더 나아가 그들의 광복이후 사망할 때까지의 활동을 기술했으니, 이것 역시 《친일인명사전》에서는 온당치 않은 기술 태도이다.

이런 식의 기술이라면, 책 이름을 '친일인명사전'으로 할 것이 아니라 '친일과 애국 양면성을 띤 인물들의 인명사전'이라고 했어야 명실상부할 것이다.

사리(事理)가 그러한데도 《친일인명사전》이라고 못 박은 것은, 다분히 특정 인물들을 '친일파'라는 족쇄를 채워, 민족의 역사적 공간에 유폐(幽閉)시키려는 불온한 의도로 밖에는 생각되지 않는다.

우리는 지금까지의 논의에서, 동 위원회의 구성과 동 사전의 편집에 많은 문제점이 있다는 것을 보아왔다. 그리고 동 사전에서 보면, 예시이기는 하지만, 위에든 네 인물의 출생으로부터 죽을 때까지 특히 서정주는 죽은 후에도 그와 관련된 행사까지 기록하고 있는데, 이는 특정인의 이력서를 《친일인명사전》이라는 책으로 편집한 웃지 못 할 양상인 것이다.

이와 같은 편집은 객관적인 행위내용을 나열해 놓은 것이지, 친일 행위에 대한 가치판단이 아니다. 혹자들은 이른바 친일파들은 '친일'이라는 명목하에 일방적으로 몰아붙이며, 두부모를 자르듯 흑백논리로 일관하고 있다. 그러나 우리는 차제에 소위 친일 인물에 대하여 그 '공(功)'과 '과(過)'를 따져, 종합적 가치판단으로 평가하는 태도가 바람직함을 역설(力說)하고자 한다.

참고로 중국의 예를 보면, 중화인민공화국 수립으로부터 문화대혁명에 이르기까지의 모택동에 대한 평가에서 '① 모택동 자신, ② 등소평, ③ 서기 1981년 중화인민공화국의 '건국 이래 당의 약간의 역사적 문제에 관한 결의'에서 그 입장을 보기로 한다.

모택동은 어떤 인물인가? 그는 중화인민공화국의 창립 중심인물이지만 건국이후만 보더라도 서기 1950년대 말 대약진운동의 과정에서 1,500만~4,000만 명에 이르는 아사자를 양산했고, 문화대혁명 때 그는 "사령부를 포격하라"라고 하며 혁명을 독촉할 때, 혁명동지였던 유소기, 등소평등의 개혁파를 그 사령부로 지칭했음은 물론, 문화대혁명의 과정에서 '상산하향(上山 下鄕)' 또는 '하방(下放)'이라는 이름하에 2천만~3천만명의 청년학생들을 농촌이나 변방으로 보내어 귀중한 시간을 허비하게 했고, 그에게 박탈 당한 자 729,000명, 박해로 사망한 자 34,800명에 이르게 했던 그런 인물이 아니었던가? 그런데도 중국은 모택동에 대한 평가를 모두 공(功)과 과(過)를 종합적으로 평가하였다.

즉 "(1)은 7:3 (2)는 6:4 (3)은 모택동은 중국인민해방군의 창설과 발전을 위하여, 중국의 창립과 국가사업발전을 위하여 '마멸할 수 없는 공훈'을 수립하였다. 그가 비록 문화대혁명 중에서 '중대한 착오'를 범하였으나, 중국혁명에 대한 그의 공적은 그의 과실보다 훨씬 더 크다. 그의 공적이 제1위이고 착오는 제2위이다."라고 높게 평가하였고, '과'는 버리고 '공'만을 생각하고 모택동을 그 후로도 추앙하고 있는 것이다. 역시 이념은 다르나 역시 대륙의 대국다운 기질이요 사고방식이다.

제6절 논의를 마치며

이제 본 필자는 민족문제연구소의 편찬위원회가 펴낸 이른바 《친일인명사전》에 게재된 예시적 논의이기는 하지만, 전북 고창지방의 김성수, 김연수, 홍종철, 서정주 등 네 사람의 경우를 들어 친일행위 진상규명에 대한 관견(管見)을 정리하여 제시하고자 한다.

전술한 바와 같이 위 네 사람에 대한 동 위원회의 진상규명의 태도는, 그들의 정신적인 측면을 완전히 배제하고, 물적인 실증적 문헌만을 동원하여 어느 단면만을 고찰하고 있으며, 각 항목에 대한 친일행위 판단의 준거도 획일적, 자의적(恣意的)이다. 그러므로 본 필자는 위의 고창지방의 네 사람에 대한 동위원회의 친일행위 진상규명의 태도에 대하여, 상식의 바탕에서 논리적으로 접근하여 그 심각한 문제점을 다시 한 번 지적하고, 역사 인식에 대한 필자의 관견(管見)을 귀납하여, 후대들의 올바른 역사 인식에 일말의 도움을 주고자 하는 것이다.

먼저 본 필자가 결론적으로 다시 한번 강조하고자 하는 것은, 진정한 친일행위의 진상규명은 객관적 친일행위를 기초로 하되, 반드시 가치판단이 뒤따라야 하고, 또한 친일행위가 있었던 그 시대적 상황과 친일행위에 대한 고의적인 적극성 및 '기대가능성' 여부를 반드시 고려하여, 그 인물의 공(功)과 과(過)를 종합적인 가치판단으로 논단(論斷)해야 한다는 것이다.

돌이켜보면, 우리는 적어도 일제강점기 당시, 납세의무가 있었던 자, 재산가, 공직에 있었던 자, 학교에 재학했던 자들인 이상 그 어느 누구도 친일행위의 책임에서 자유로울 수가 없다.

그런데도 불구하고, 일개 '민족연구소'라는 사설 연구소와 그에 소속된 사전편찬위원회는 그들 나름대로 자의적(恣意的)으로 설정한 기준에 의하여, 일방적으로 친일행위자라고 단정하는 것은 있을 수도 없는 일이고, 있어서도 안 되는 민족적 대사이다.

친일행위 진상규명의 중요성은 재론할 여지가 없는 일이다. 이것은 너만의 일도 아니고, 나만의 일도 아닌 우리 모두의 일이다. 따라서 '친일행위 진상규명'은 어느 일개 연구소만이 주동해서도 안 되며, 관련 학회가 대거 연계하여 보다 심층적으로 신중히 접근하고, 다수 국민의 동의(同意)를 받아야 할 국사(國事)인 것이다.

그리고 더욱 경계해야 할 것은, 일개 특정 시각의 결사체인 사설 연구소의 친일행위에 대한 자의적인 진상규명이, 마치 그 방면 연구의 독보적인 존재가 되어, 그 사전이 친일인물에 대한 절대적 평가기준이나 되는 것처럼 준동하는 행위는 절대 묵과 해서는 안 된다는 것이다.

생각건대 우리는 일제강점기의 식민지(植民地)라는 미증유(未曾有)의 시대적 환란(患亂)속에서, 애국하는 길이 다양하다는 것을 많이 보아왔다. 안중근, 윤봉길 같은 의사(義士)의 길도 있고, 안

창호, 김구와 같이 해외로 망명하여 애국하는 길도 있으며, 이승만 같이 외교력을 발휘한 길도 있으며, 김좌진, 지청천, 이범석 같이 직접 총칼을 들고 대적(對敵)하는 길도 있다는 것을 잘 알고 있다.

그러나 또한 그런 길만이 애국하는 길이 아닌 줄 안다. 우리는 당시 각자가 처해 있는 상황에 따라 애국하는 길이 다양했다는 것을 잘 알고 있다. 일제강점기에 외국으로 도피하지 않고, 국내에서 온갖 고초를 겪으면서도 남몰래 물심(物心)을 바쳐 애국하는 길도 있었다.

일제강점기에 국내에 거주하는 인사들은, 맹수(猛獸)들과 한 우릿간에 살면서 애국(愛國)을 해야 하는 백척간두(百尺竿頭)에 선 몸이었다. 그들은 우선 목숨 부지를 위해, 맹수들의 눈치를 살펴야 했고, 맹수들의 비위를 맞춰야 했으니, 잠시도 긴장의 끈을 놓을 수 없는 그들의 처지였다. 비록 의사(義士)나 열사(烈士)처럼 만백성의 심금을 울리는 행동은 하지 못했지만, 애국하는 길이 달랐을 뿐, 애국하는 열정(熱情)만은 조금도 다르지 않았다. 그런 것이 조상이 물려준 내 땅에서 뜻밖에도 맹수와 한 우리에 살면서 애국을 해야 하는, 그들의 비극이자 민족의 비애(悲哀)였다.

본서에서 예시적인 것이기는 하지만, 전술한 전북 고창지방의 네 인물인 김성수, 김연수, 홍종철, 서정주 등도 그러한 비애(悲哀)의 질곡(桎梏)에서 만난을 무릅쓰고 애국(愛國)의 길을 걸어간 인물들이었다. 비단 그들 네 사람뿐만 아니라, 이른바 《친일인명사전》에 기록된 다수의 인사들이 그와 같은 길을 걸었음을 우리는 또한 잘 알고 있다. 우리는 그런 그들의 통한(痛恨)을 결코 외면 할 수 없다. 그들과 같은 지도자들의 피땀으로 풍요를 구가하는 오늘날, 우리들이 그 피맺인 한(恨)을 풀어주어야 한다.

또한 '친일파 처단 문제'는 이제는 우리 세대에서 끝내야 한다. 국가 민족의 명운(命運)을 농단(弄斷)하고 부귀영화에 탐닉(耽溺)한 을사오적(乙巳五賊)과, 한일병탄(韓日倂呑)의 매국노(賣國奴)들, 더불어 국가 민족을 배신하고 일신(一身)의 영화(榮華)를 탐(貪)한 악질 부일배(附日輩)들을 가차 없이 처단하는 그 선에서 종결을 짓고, 나아가 과거 일제(日帝)의 강제 동원 문제 등 식민지 지배에 따른 모든 죄책(罪責)은 인류문화의 역사적 공간에 묻어 두고, 이제는 용서는 하되 잊지는 말며, 미래로 나아가야 한다.

특정 기간(日帝)의 가해자를 오늘에 와서 가해자의 후손들에게 그 잘못을 추궁하고, 사죄를 받는 것이 그리 중요하며, 그래야만 한이 풀리는가? 임진·정유재란 당시 일본은 한반도와 정부를 처절하게 짓밟고, 심지어는 코와 귀를 비어가 무덤도 만들어 두고 있지 않는가? 왜 그것은 따지지 않는가? 친일파는 따지면서 왜 그것을 있게 한 공간을 설정한 서기 1905년의 을사늑약(을사조약)이나 서기 1910년 한일강제합방조약의 무효는 따지지 않으며, 보상은 왜 또 요구하지 않는가?

과거 일제의 강점을 절대 옹호하는 것이 아니다. 오늘의 일본 국민과 그 정부는 과거 한때 세계평화를 처절하게 유린한 광란의 제국주의(帝國主義)를 이어받은 것도 아니지 않는가? 오히려 우리는 한 때 한민족(韓民族) 지도계층의 부패와 무능, 그리고 자주독립성 상실을 가슴 속 깊이 반성하며, 이제는 대범한 아량을 갖고 한민족의 역량을 기르는 데 힘을 모아야 할 것이다.

제발 우리는 이제 역사적인 공간에서 한 시기의 일제의 만행만을 생각을 하지 말고, 보다 넓게 눈을 크게 뜨고 주위를 보라. 가까이는 중국을 보라! 서기 1937년 말부터 그다음 해 2월까지 일제 군인의 만행에 의하여 무자비하게 37만이 죽어간 그 만행, 이른바 남경대도살(南京大屠殺)을 생각해 보라! 중국이 망각해서 잊고, 용서해서 가만히 있는 것인가?

유럽 쪽을 보라! 과거 영국과 프랑스 간의 그 수많은 원한의 쌓임, 프랑스와 독일간의 숱한 전쟁, 독일의 유대민족의 대학살, 그 원한과 아픔을 화해와 용서로 역사적 공간에 묻어 두고, 이제는 EU라는 기치 아래 자유민주주의와 시장경제라는 공동의 가치를 추구하면서 러시아의 전체주의와 맞서 서로 협력하며 번영하고 있지 않는가?

일본 역시 이제는 우리와 손을 잡고 한·미·일 공동세력으로 중국과 북한이라는 공산전체주의가 목전에서 위협하고 있는 가운데 이에 대응하고 있지 않는가?

이제는 과거의 아픈 상처를 역사의 공간 속에 묻어 두고, 광활한 미래의 공간을 향하여 우리의 건국이념인 '홍익이간(弘益人間)'의 이념을 등에 짊어진채 앞으로 앞으로 나아가야만 한다.

이제 본 필자의 논의는 여기서 끝을 맺고, 평소에 되새겨온 상념

(想念)을 피력함으로써 본 졸고(拙稿)를 마칠까 한다.

오늘날 우리는 친일파 진실규명 같은 과거사에만 머무를 수 없다. 우선 우리는 인접 국가인 중국과 일본의 터무니없는 주장에 당당히 대응하는 민족적 지혜와 용기를 배양해야 할 것이다.

중국에 대해서는 이른바 동북공정(東北工程)에 원천적으로 대응하기 위하여, 역사상 압록강과 두만강 이북에 산재했던 여진족과 말갈족 그리고 몽골족이 모두 우리 민족의 일부였다는 역사적 사실을 우선 구명해야 할 것이다.

지금 중화인민공화국이 그들의 건국 당시 헌법과 같은 역할을 했던 '민족공동강령'과 서기 1953년에 제정한 '중화인민공화국 헌법' 이후 줄곧 민족의 구성을 '한족(漢族) 및 55개 소수민족'으로 규정하고 있으면서도, 최근 들어 그들은 그러한 표현을 지양하고, 한족(漢族)과 55개 소수민족을 합하여 하나의 '중화민족(中華民族)'이라는 용어를 공공연히 사용하고 있는 실정이 아닌가? 이런 중국 위정자들의 속셈을 우리는 예의주시하며, 만반의 대비책을 강구 해야 할 것이다.

일본에 대해서는 옛 삼국시대부터 당연한 우리 영토인 독도(獨島)에 대하여 '독도 사수' 또는 "독도는 우리 땅"이라고 외치는 그런 소극적 행위를 넘어 '대마도 수복(對馬島收復)'이라는 적극적 행위에 민족의 역량을 쏟아야 할 것이다. 대마도는 지질학적으로 한반도와 연결되어 있고, 역사적으로 문화적으로도 우리 영토였다는 것을 꾸준히 합리적으로 설득해 나가야 할 것이다.

오늘날 악성 안질(眼疾)을 앓고 있는 일부 좌파진영의 세력들이 친일, 독재자라고 몰아붙이는 이승만 초대 대통령은, 주권상실기인 일제 강점기 미국에서 조국 독립을 위한 피땀어린 그 외교력은 그만 두고라도, 6.25의 그 참담한 전쟁의 와중에서도 일본에게 '대마도 반환'을 강력히 주장했던 그 사실(事實)을 우리는 결코 잊지 말아야 할 것이다.

그리고 걸핏하면 독도문제를 거론하며 국제적 영토분쟁으로까지 몰고 가려는 일본의 속셈을 잘 파악하여〈필자 주: 일본은 '독도문제'를 거창하게 부각시킴으로써 '대마도'에 대한 우리의 관심을 독도로 돌리려는 계략인지도 모를 일이다〉, 절대 그들의 흉계에 휘말리는 일이 없도록 만반의 태세를 갖추어야 할 것이다.

끝으로, 지금 우리에게 시급한 것은 좌향좌, 우향우가 아니다. 좌향 좌하여 가다 보면 '평등'의 이념은 동경할지언정 '자유'의 이념은 보지 못할 것이고, 현실적으로 동구 공산주의 국가의 붕괴를 보았지 않는가? 마찬가지로 우향 우하여 가다 보면 '자유'의 이념은 동경할지언정 '평등'의 현상은 보지 못할 것이고, 여기 현실적으로 자유주의에서 오는 여러 가지 갈등현상을 보고 있지 않는가? 또한 뒤로 돌아!하고 뒤를 보면 가까이는 근 80년 전까지 허기져 등이 굽고 그나마 있는 것마져 강탈 당 하고 숨을 죽이며 살아야 했던 그 암울했던 일제강점기 같은 장벽이 있지 않는가?

지금 우리에게 시급한 것은 좌향좌, 우향우가 아니다. 그런 것을 몰라도 잘사는 나라가 얼마든지 많다. 그런 것은 설익은 위정자들이나 정치 논객들이 주억거리는 수사(修辭)일 뿐이다. 중요한 것은 백성들이 자유롭고 풍요롭게 잘 사는 것이다.

무한경쟁시대에 돌입한 오늘날 세계에서, 이제는 우리 모두 서로를 포옹하며 손에 손을 잡고 '자유민주주의 체제' 아래 평화의 이념을 동경하면서, '홍익인간(弘益人間)'의 건국이념을 등에 짊어지고, 질풍노도처럼 그 광활한 '미래'의 공간을 향하여 전진, 또 전진해야 할 것이다. 그럴 때, 우리는 21세기 세계사라고 하는 역사의 무대에서 그 주역으로 등장하여 우뚝 선 자랑스러운 민족이 될 것이다. 감사합니다.

湖南抗日民族教育展開史 Ⅳ

인쇄일　2023년 8월 10일
발행일　2023년 8월 10일

지은이　김경식
발행인　김화인
펴낸곳　도서출판 조은
편집인　김진순
　주소　서울시 중구 을지로20길 12, 대성빌딩 405호
　전화　(02)2273-2408
　팩스　(02)2272-1391
출판등록　1995년 7월 5일 신고번호 제1995-000098호
　ISBN　979-11-91735-67-3
　정가　25,000원

♠ 잘못된 책은 바꾸어 드리겠습니다.
♠ 이 책의 내용은 신저작권법에 의하여 국제적으로 보호받고 있습니다.
♠ 전재 및 복제를 할 수 없습니다.